스크린에서
마음을 읽다

일러두기

1 영화 제목의 표기는 한글맞춤법, 외래어표기법 등의 원칙에 따르지 않고 개봉 당시의 명칭에 따랐다.
2 본문에 삽입된 사진은 해당 영화의 스틸컷을 사용했다.

무 더 지 고   지 친
나 를   위 로 하 는
영 화 심 리 학

스크린에서
마음을 읽다

선안남 지음

시공사

해피엔딩을 일군
사소한 시작

내게 심리학은 위로의 학문이자 설명의 학문이었다. 내가 어떤 사람인지, 그 사람은 왜 그렇게 행동하는지, 힘들 땐 스스로 어떻게 위로해야 하는지, 힘들어하는 누군가에게 어떻게 손을 내밀어야 하는지……. 이렇게 삶과 사람에 대한 무궁무진한 질문들을 풀어주는 심리학에 매료되었고 전문적인 상담자가 되기 위해 대학원 공부를 했다. 하지만 졸업한 뒤 잠시 방황하는 시간을 겪기도 했다. 당시 나는 상담센터 일을 그만두고서, 그때까지 재미와 보람을 느끼며 해오던 많은 일들에 회의를 품었다. 나는 스스로에게 묻고 또 물었다. '심리학을 계속할래? 그래 가지고 상담할 수 있겠어?'

그렇게 선택의 기로에 서게 되자 갑자기 모든 게 두려워졌다. 나 스스로도 상처에 허덕이는 판에 다른 누군가를 도와준다는 것이 어불성설 같았기 때문이다. 심리학도 나에게 길을 보여주지 않는 것 같았다. 그렇게 답답한 시간을 보내던 어느 날, 인터넷에서 누군가가 올린 글을 마주하게 되었다. 특별할 것은 없는 글이었다. 영화와 드라마를 심리학적으로 분석하는 글쓰기 모임을 만들기 위해 회원을 모집한다는 게시 글이었다. 예전 같으면 그냥 지나쳤을 텐데 그때는 왠지 그 글이

'이제 뭔가 써보라'고 나에게 제안하는 것 같은 느낌을 받았다.

어릴 때부터 나는 활자화된 모든 종류의 글을 사랑했고 영화 속에서 펼쳐지는 이야기에 정신없이 빨려 들어가곤 했다. 이야기를 만들어내는 세상의 모든 세헤라자데(《아라비안 나이트》에 나오는 술탄의 왕비로 밤마다 왕에게 재미있는 이야기를 들려줘 자신과 다른 여인들의 목숨을 구했다고 전해진다)들에게 동경을 품었으며 언젠가는 나도 소설가가 되고 싶다는 막연한 꿈을 꾸곤 했다. 특히 글을 쓰며 '내가 하고 싶었던 말이 결국 이것이구나!' 싶은 순간을 사랑했다. 그 생각을 하니 갑자기 영상과 글과 학문의 삼박자를 융합시킨 이 모임에 꼭 지원해야겠다는 생각이 들었다.

모임에는 누구나 참여할 수 있었지만 한 가지 과제가 있었다. 일정 기간까지 영화나 드라마를 심리학적으로 분석한 글을 써내는 것이었다. 마감 날은 2008년 12월 25일, 크리스마스였다. 나는 마감 날까지 도전을 할까 말까 고민을 반복하다가 그날이 되어서야 글을 쓰기 시작했다. 사실 시간은 충분했지만 자신이 없었고, 이런 글을 쓰는 게 얼마나 의미가 있을까 하는 생각에 마음이 복잡했다.

그렇게 불안과 의심에 흔들리던 나는 결국 엉성한 글을 한 편 완성

했다. 오래전에 봤던 영화 〈비포 선라이즈Before Sunrise〉와 그 후속편인 〈비포 선셋Before Sunset〉에 대한 글이었다. 논거도 분명치 않고 심리학적 설명도 빈약했고 영화 줄거리조차 허술하게 제시했지만 어쨌든 그 글 덕분에 모임에 가입할 수 있었다. 나중에 알게 된 사실이지만 지원했던 많은 사람들 가운데 실제로 글을 써낸 사람은 나를 포함해서 여섯 명밖에 없었다고 한다. 그냥 쓰기만 하면 되는 건데 내가 그랬던 것처럼 잘해야 한다는 부담 때문에 많은 사람들이 지레 포기했던 것이다.

지금 나는 2년 전 크리스마스에 어렵게 내딛었던 새로운 시도에 새삼 감사하며 이 글을 쓰고 있다. 불안함이 내 마음을 단단하게 붙잡고 더 쉬울 수도 있었던 도전을 무겁게 만들었지만 그래도 나는 무언가를 했다. 아주 사소한 차이였지만 그것이 결국 모든 차이를 만들어냈다.

그렇게 2009년 1월부터 나는 매주 토요일 아침 8시에 모임에 참여했고 매주 영화를 보며 적어도 한 편 이상의 글을 꾸준히 썼다. '영화와 드라마를 심리학적으로 분석하는 이들(우리는 '영심이'라 부르는데, 지금까지 남아 있는 영심이의 고정 멤버는 이 모임을 주도한 현식 선배와 나밖에 없다)' 모임 덕분에 나는 영화의 힘을 더 명확히 느낄 수 있었다. 또한 우리의 마음을 소환하고,

풀어내고, 바로 보게 하고, 위로하는 영화의 힘을 글로 펼쳐내는 과정
에서 나 역시 치유받았다.

그러는 동안 나의 글도 진화하기 시작했다. 블로그에 올린 글들이
입소문을 타면서 점점 더 많은 사람들이 내 글에 반응하기 시작했다.
그리고 이는 또 다른 글을 쓰는 계기가 되었다. 이 과정에서 생긴 에너
지는 엄청났다. 결국 나는 2009년 한 해 동안 '싸이월드'에서 가장 많
은 추천을 받은 블로거 가운데 한 명으로 뽑히기도 했다. 이 모든 것이
특별한 계획 아래 이루어진 것은 아니었다. 그저 의심과 불안 속에서
작은 시도에 몸을 맡긴 것이 모든 변화의 시작이었다.

무엇보다 큰 도움이 되어준 사람은 방황하던 나에게 글을 쓰고 나누는
공간을 마련해준 현식 선배(심리 칼럼니스트 누다심)였다. 선배가 격려해주고
필요한 조언을 준 덕분에 지난 2년 동안 나는 다섯 권의 책을 낸 작가가
되었고 앞으로도 심리학에 대한 대중적인 글을 계속 써나갈 수 있는 용
기와 영감을 얻었다.

이 책에는 내가 2년 전 본격적으로 글쓰기를 시도하던 시절부터 준
비해온 '심리학의 눈으로 본 영화'에 대한 글이 담겨 있다. 가장 처음

이었다는 점에서 나에게는 가장 중요한 의미를 지니는 글들이다. 영화는 상영되는 내내 우리의 마음을 흔들어놓기도 하지만 마지막 엔딩 크레딧이 올라가고 오랜 시간이 지나간 후에도 우리 마음속에서 여러 번 재생된다. 그러다가 필요한 순간마다 일상에 지친 우리의 마음을 다독이고 움직이는 마력을 발휘한다. 영화의 상영 시간은 기껏해야 두 시간 남짓이다. 그러나 영화가 우리 안에서 공명하며 살아가는 시간은 이를 훌쩍 뛰어넘는다. 어떤 영화 속 한 장면은 평생 우리의 마음속에서 재생되고 또 재생된다. 단단하면서도 부드럽고, 명징하면서도 모호한 메시지로 우리도 모르는 사이 마음속에 스며드는 것이다.

　나는 이 책을 통해 우리 마음의 그물망에 걸린 영화 속 메시지를 심리학적으로 정리해보고 싶었다. 사람마다 영화를 즐기고 독해하는 방식은 다르겠지만, 이 책이 나열하는 영화 속 우리 마음에 대한 이야기가 많은 이들의 가슴을 잔잔히 두드려주었으면 한다.

　과거에 큰 의미를 두지 않고 시작했던 글쓰기가 이제는 나를 구성하는 가장 큰 두 개의 축 가운데 하나가 되었다. 나는 이제 스스로를 상담심리사이자 작가라고 소개한다. 이 두 개의 축은 긴밀하게 연결되어 있고 서로를 더 탄탄하게 붙잡아준다. 지난날의 내가 그랬듯이, 현재 힘들고 무딘 마음을 안고 있는 누군가에게 이 책이 새로운 관점을 제시해주었으면, 지금은 사소해보일지라도 돌아보면 큰 힘이 될 시도를 내딛을 수 있는 용기와 위로를 전해주었으면 하는 욕심도 부려본다. 그런 소망이 당신의 마음속에도 메아리치길 바란다.

또 다른 새로운 시도를 위해
선안남 드림

Chapter 1

상처와 치유

Chapter 1

상처와 치유

네 잘못이
아냐

굿월헌팅
Good Will Hunting

우리 안의 희망과 사랑,
아름다움이 도전받는 순간

우리의 삶 속에는 희망, 사랑, 아름다움과 같이 따뜻하고 긍정적인 요소도 있지만 절망과 상처, 수치심과 같은 부정적인 요소도 섞여 있다. 이러한 부정적 요소들이 몰고 온 기억은 우리 안의 희망을 꺾고 사랑을 말소하고 아름다움을 퇴색하게 한다. 슬픔과 상처에 짓눌리게 되는 그 순간, 우리는 회의감에 포위된다. 삶과 세상에 점점 냉소적인 태도를 견지하며 오로지 방어의 갑옷 속에서 살고 싶어진다. 다시는 사랑과 희망, 아름다움을 기대하지 않겠다고 결심하게 되는 것이다.

삶에 부정적 요소를 몰고 오는 가슴 아픈 경험에 치이다 보면 왜 나에게 이런 일이 일어나는지 곱씹게 된다. 그러고는 자신이 무언가를 잘못했거나 자신의 존재 자체가 잘못된 것이라고 결론을 내리기도 한다. 어느 누구도 자신이 경험한 아픔에 공감해주지 않았고, 그 아픔을 설명해주지 않았기 때문이다. 홀로 그 모든 고통과 맞서 싸우면서 고통을 감소시키기보다는 증가시키는 방향으로 살아가는 것이다. 영화 〈굿 윌 헌팅Good Will Hunting〉에서 램보 교수(스텔란 스카스가드 분)를 처음 만났을 때 윌(맷 데이먼 분) 역시 바로 그런 고통 속에 있었다.

MIT대학의 램보 교수는 자신의 수제자들은 물론, 자신조차 풀기 어려워하는 문제를 간단하게 풀어내는 청소부 윌을 보고 그 엄청난 지성에 매료된다. 램보는 윌을 계속 이끌어 그의 지성이 더 빛을 발하게 해주고 싶어 한다. 그런데 쉽지가 않다. 윌은 교수들을 능가하는 천재성을 지녔지만 그의 정서는 폭력으로 점철된 과거에 머물고 있다.

램보 교수가 윌을 처음 만났을 때 윌은 지난날의 고통과, 그 고통이 양산해낸 수치심과 죄책감 속에 갇혀 있었다. 다른 사람이라면 달콤하게 여겼을 '천재'라는 칭호도 달가워하지 않았고 자신에게 쏟아지는 모든 관심과 호의를 거절했다. 그냥 거절한 것도 아니었다. 다가오는 사람들을 교묘하게 깎아내리고, 아무리 애를 써도 소용없을 것이라며 조롱하는 방식으로 일부러 자신을 미워하게 만들었다. 램보 교수조차 윌의 '머리'는 책임질 수 있을지 몰라도 '가슴'은 어찌해볼 수 없었다.

사실 그것은 그의 본심이 아닌 과거의 고통이 주도하는 일이었다. 여러 번의 거절과 폭력을 경험하면서 윌은 세상에 대한 신뢰를 잃었고, 자기 안의 수치심과 죄책감이 드러나는 것에 두려움을 느꼈다. 겹겹이 쌓인 과거의 고통은 이제 그가 다른 경험을 할 가능성까지 틀어막아 버리고 있었다.

마음의 문을 여는 열쇠,
무조건적인 사랑

▌램보 교수는 윌이 머리를 활용하도록 하기 위해서는 우선 그의 가슴을 잠잠히 할 필요가 있다고 판단했다. 그래서 수많은 치료 전문가에게 의뢰를 하지만 윌의 철벽 방어 때문에 어느 누구도 그의 마음, 가장

겉 표면에조차 도달하지 못한다. 램보 교수는 절망스러웠지만 윌의 천
재적인 재능을 그대로 포기할 수가 없었다. 그는 마지막이라는 생각으
로 대학 시절 룸메이트인 숀 교수(로빈 윌리엄스 분)를 찾아간다.

 화려한 경력으로 많은 사람들에게 존경받는 램보 교수와 달리 숀 교
수는 병상에 있는 아내를 돌보기 위해 학계의 명성을 포기했던 사람이
다. 숀 교수는 램보 교수와 많은 면에서 달랐다. 램보 교수가 권위와 이
론, 기록과 생산성에 초점을 맞춘 삶을 살며 그런 시각으로 윌을 바라보
았다면 숀 교수는 사람과 사람 사이에 일어나는 관계와 고통 받는 사람
에 대한 순수한 공감을 우선했으며 이런 태도를 바탕으로 윌을 만난다.

 램보 교수는 처음부터 윌의 재능을 파악하여 나름의 계획을 세우고
조건적인 애정과 관심을 쏟았지만, 숀 교수는 윌에게 어떤 계획이나
의도도 없다. 그저 윌이 자신과 함께 있는 시간 동안 스스로 무엇을 느
끼고 원하는지를 진정으로 깨닫기를 바란다. 그리고 과거에 속박되거
나 미래를 저당 잡히지 않은 채 현재를 생생하게 살아도 된다고 격려
해주고 싶어 한다. 램보 교수의 조건적인 애정과 달리 숀 교수의 진심
은 시간이 갈수록 윌의 마음 깊은 곳으로 점점 침투하게 된다.

 윌의 존재 자체를 긍정하는 숀 교수의 태도에 윌도 서서히 변하기
시작한다. 물론 처음에 윌은 다른 사람에게 그랬듯이 숀 교수의 호의
를 모두 거부하고 그의 의도를 시험하고 흔들어놓으려 했다. 하지만
고개를 절레절레 흔들며 그를 포기하는 다른 치료사와는 달리 숀 교수

는 애정과 인내심으로 그를 대한다. 월은 어느덧 무방비 상태가 되어 자기 안의 방어벽을 조금씩 허물어뜨리기에 이른다. 그리고 가장 결정적인 순간 숀 교수는 월에게 그가 꼭 들어야 했고 꼭 듣고 싶었던 말, 그러나 그 누구도 해주지 않았기에 스스로 원하는지도 몰랐던 말을 해준다.

"얘야, 그건 네 잘못이 아니란다It's not your fault."

숀 교수는 이 말이 가볍게 던지는 위로나 동정심 때문에 하는 말로 들리지 않도록, 힘을 실어 아주 깊고도 진지하게 뱉는다. 월은 "알아요" 하고 건성으로 말하고는 눈을 피한다. 그래도 숀 교수는 포기하지 않는다. 방어와 부인의 갑옷 속에 숨은 월의 상처 받은 마음에 가 닿도록, 여러 번 분명하게 이 말을 반복한다. 네 잘못이 아니라고, 정말 아니라고. 숀 교수를 만나기 전까지 월에게 사랑과 배려, 보살핌과 이해는 그저 추상적인 단어였을 뿐 한 번도 진심으로 느껴본 적이 없었다. 그랬기에 타인이 자신에게 잘못을 저지른 것도 어쩌면 자신의 존재 자체가 잘못되었기 때문일지도 모른다는 생각을 밑바탕에 깔고 살아왔다. 자신을 알아주는 단 한 사람이 그건 결코 네 잘못이 아니라고 말해주기 전까지는 말이다.

스스로를 보호하기 위해 방어와 공격의 갑옷을 두르고 냉소적인 모습으로 세상을 관망하던 그는 어쩌면 그 갑옷 속에서 누군가가 그 말을 해주기를 애타게 기다리고 있었는지도 모른다. 하지만 막상 그런 사람이 나타나자 처음에는 놀라서 도망가려 한다. 그렇게 기다려도 아

It's not your fault

Good Will Hunting

무도 손잡아 주지 않았던 기억, 야멸치게 거부당했던 기억이 그를 두렵게 만들었기 때문이다.

절실한 만큼 연약한 상태에 놓여 있던 월은 처음에 폭발적으로 화를 낸다. 하지만 사실 그는 정말로 화를 내고 있는 것이 아니었다. 한 사람의 영혼을 좀먹던 자책감을 누군가의 진실한 이해와 공감이 휘발시킬 때 느끼는 고통스럽지만 진실로 기쁜 감정, 약해짐으로써 강해지는 치유의 순간을 오롯이 경험하고 있는 것이다.

그 순간, 평생 동안 월을 감싸고 있던 방어막이 걷힌다. 지금까지 그는 자신을 보호해주어야 할 사람들이 그를 버리거나 폭력을 가하는 모습을 보며 최선의 방어는 선제공격밖에 없다는 생각으로 살아왔다. 그래서 그를 신체적으로 해하려는 사람에게는 주먹을 날렸고, 심리적으로 꺾으려 하는 사람들은 온갖 책을 통해 섭렵한 천재적인 지식으로 코를 납작하게 만들었다. 하지만 공격도 무시도 아닌 "네 잘못이 아니야"라는 이 말에는 흔들릴 수밖에 없었다. 그의 껍데기는 그렇게 허물어졌다.

이 경험을 통해 월은 이제 폭력이라는 과거 속에만 머무르지 않게 된다. 자신의 가치를 있는 그대로 발휘하지 못한 채 회피하고 고꾸라지는 대신, 이제 아픔을 딛고 의연하고 당당하게 앞으로 나아갈 수 있게 된다. 발목을 붙잡는 과거의 아픔을 다 흘려보내고 현재를 살면서 미래를 볼 수 있게 된다. 상처를 딛고 일어서서, 더 풍요롭고 가치 있고 생생한 삶을 살게 된다.

상처 받은 마음을
치유하는 한마디

❚ 이 영화는 상처 받은 우리가 다시 일어나고 자책감과 수치심을 극복하기 위해 필요한 것이 무엇인가를 잘 보여준다. 누구든 마음속 상처를 치유하기 위해서는 그 상처에 공감하고, 그건 네 잘못이 아니라고 말하며 손을 내밀어주는 누군가가 필요하다. 그런 사람은 많을 필요도 없다. 세상의 60억 인구 가운데 단 한 사람이면 충분하다.

폭력의 상처로 힘들어하는 사람이 있다면 진정성을 담아 그건 네 잘못이 아니라고 얘기하며 손을 내밀어주자. 영화 속 윌처럼 처음에는 그 말이 상대방의 마음에 쉽게 닿지 못할지도 모른다. 하지만 여러 번 진심으로 말하고 표현한다면 그 사람은 자신을 포위하는 상처와 의혹에서 더 쉽게 벗어날 수 있을 것이다. 그래서 우리는 타인을 필요로 하며 상처가 있음에도 다시 행복해질 수 있다.

우리는 때로 타인의 폭력에 상처를 입기도 하지만 그보다 더 강력한 힘을 지닌 타인의 위로로 상처를 치유받기도 한다. 아무리 외롭고 힘든 순간에도 우리가 결코 혼자가 아닌 이유, 우리가 끝까지 삶에서 희망과 사랑, 아름다움을 놓을 수 없는 이유가 바로 거기에 있다.

폭력은 왜 폭력을 낳을까?

폭력 가정에서 태어나 자라면서 폭력에 짓눌리고, 억압받고, 파괴되고, 착취된 아이들이 결국 자신이 그토록 증오하던 폭력을 스스로 휘두르게 되는 비극적인 얘기를 종종 들을 수 있다. 이러한 폭력의 대물림 현상은, 폭력이라는 환경에 노출된 사람이 그 경험을 자기 방식으로 설명해나가면서 누군가와, 혹은 어떤 것과 스스로를 '동일시'하는 현상과 긴밀하게 연관된다. 어떤 사람은 똑같은 폭력을 당해도 그 폭력을 딛고 일어서서 보통 사람보다 더 건강하고 성숙한 사람이 된다. 반면에 어떤 사람은 폭력에 그대로 휘둘려 자신을 폭력을 저지른 사람과 동일시하며 스스로를 증오하게 된다. 자신을 이해하고 받아주는 대상을 만나기 전까지 영화 속 윌의 모습이 그러했다.

윌은 재능을 발휘하여 사회에 공헌을 할 수도 있었지만 그 재능을 썩히고 하루하루를 탕진할 뿐이었다. 최악의 경우라면 그 재능을 이용해 테러리스트가 되거나 머리가 똑똑한 악당이 될 수도 있는 일이다. 왜곡된 시각을 가진, 머리만 똑똑한 사람처럼 한 사회를 위협적으로 뒤흔드는 존재는 없다. 그러나 윌은 숀 교수를 만나 상처가 치유되면서 비로소 과거의 경험을 끊어내고 날 선 방어의 갑옷을 스스로 푼다. 자신에게 폭력을 행사했던 사람과 자신을 동일시하고 스스로를 나쁜 사람이라 여겼던 폭력의 대물림과 악순환의 고리에서 떨어져나온 것이다. 예전에는 연인과의 관계에서도 자신을 속일 수밖에 없었고, 타인을 쉽게 농락하고 공격하는 모습을 보였지만 이제 자신이 원하는 미래를 주도적으로 계획하고 현재를 직시하며 스스로의 인생에 처음으로 책임을 지고자 한다.

월은 폭력의 고통을 간직한 세상 모든 피해자들의 모습을 고스란히 대변한다. 상처는 이미 일어난 사건이기에 다시 되돌릴 수 없으며, 어떤 만남이나 치유를 통해서도 완전히 지워지지 않는다. 하지만 올바로 직시하고 보듬어주기만 하면 과거가 현재에 미치는 의미와 영향만큼은 바꿀 수가 있다. 이렇게 과거의 피해자는 완전히 다른 사람이 된다. 과거에 휘둘리는 것이 아니라 현재를 살고, 삶의 방향성을 직시하게 되는 것이다.

과거의 경험을 이해하고 소화하는 방식은 사람마다 모두 다르다. 피해자가 가해자가 되고 가해자가 피해자가 되는 비극적인 관계의 공식에 내몰리지 않으려면 우리 안의 모든 상처를 잘 살피고 보듬어줄 필요가 있다. 힘든 순간마다 자신의 마음을 돌아보며 우리가 누구와 스스로를 동일시하고 있는가를 확인하자. 긍정적인 대상과의 좋은 기억에 스스로를 동일시할수록 우리는 자신을 좋은 사람이라 여기게 되고 좋은 방향으로 나아갈 힘을 얻게 된다.

조각난 마음의 파편을
이어 붙이는 힘

가을로

Traces Of Love

갑작스레 찾아오는 두려움,
세계는 안전하지 않다

우리의 세계는 불안 위에 위태롭게 얹혀 있다. 그런데도 우리는 그 사실을 애써 무시하며 우리가 안전한 세계에 살고 있다는 환상에 기대려 한다. 그러다가 문득 그 환상의 균열을 보여주는 사건사고를 만나고 막연한 불안과 두려움에 사로잡히기도 한다.

매일 밤 같은 시간에 방송되는 뉴스는 그날 있었던 사건사고를 듣고 싶지 않아도 세세하게 보고해준다. 인터넷과 각종 매체들 또한 그냥 스쳐지나가도 좋을 이야기들을 생생한 이미지와 활자로 전달한다. 이처럼 현대사회의 미디어들은 실제보다 더 실제 같은 영상과 소리를 결들여 실시간으로 우리의 감각을 자극하고 불안감을 증폭한다.

그러다보니 이제 웬만한 대형 사고나 엽기적이고 잔인한 사건이 아니면 크게 놀라지도 않을 만큼 우리는 무뎌진듯하다. 그러나 우리는 정말 무뎌진 것일까? 우리의 일상을 위협하는 사건사고에 정말 초연할 수 있을까? 현대를 살아가는 우리의 불안과 두려움은 먼 옛날 텔레비전과 인터넷, 신문, 영화나 드라마가 없었던 시대를 살던 우리 선조들의 불안과 두려움과 본질적으로 다른 것일까?

우리 선조들에게 가장 큰 불안과 두려움은 통제하기 힘든 자연재해와 질병, 굶주림 그리고 우연히 마주친 맹수와 눈에 보이지 않기에 더 큰 두려움을 자아내는 초자연적 현상이었을 것이다. 적어도 우리는 선조들보다는 맹수와 초자연적 현상, 질병을 더 잘 통제할 수 있게 되었다. 그런데도 우리의 불안과 두려움은 커졌으면 커졌지 줄어들지 않았다.

우리는 선조들과 마찬가지로 두려운 상황에 마주치면 '도망치거나 싸우는 반응fight or flight' 가운데 하나의 전략을 선택하게 된다. 그러나 정면 돌파하거나 회피하는 이 두 방법 외에도 더 인간적인 방법이 또 하나 있다. 바로 다른 사람을 찾아 꼭 껴안고 있는 것이다. 어쩌면 이것이 가장 일반적이고 설득력 있는 반응일지도 모른다. 이처럼 두려움이 엄습해올 때 우리가 보일 수 있는 반응은 세 가지다. 도망치거나 싸우거나 타인에게 기대거나.

사고가 우리 가슴에 남긴 심리적 파편들

영화 〈가을로〉는 맹수와 마주친 우리의 선조들처럼, 사고를 경험하고 그 사고에 대처하는 사람들에 대한 이야기다. 영화는 특히 '삼풍백화점 붕괴'라는 실제 있었던 참사를 재현함으로써 극한의 두려움과 불안에 내몰렸을 때 우리가 어떤 모습을 보이는지를 상기시킨다.

한 가지 질문을 해보자. 삼풍백화점이 붕괴되었을 때, 성수대교가 무너졌을 때, 9·11 테러가 발생했을 때, 대구 지하철 폭발 사건이 일어났을 때, 그리고 용산 화재 참사가 났을 때, 당신이 그 자리에 있었다면 무엇을 생각하고, 무엇을 느끼고, 어떻게 행동했을까? 혹은 지금 당신이 앉아 있는 곳에 폭발물이 설치되어 몇 초 뒤에 터지게 된다면 어떻게 행동할까? 그리고 이 모든 사건사고가 지나간 후 그 자리에 남겨진 물리적, 심리적 파편들을 어떤 방식으로 처리해야 할까?

바로 이것이 영화 〈가을로〉를 관통하는 질문이다. 영화는 삼풍백화점 붕괴 사고 때문에 사랑하는 사람을 잃은 남자 주인공과 사고에서 극적으로 살아남은 여자 주인공이 그 후유증에서 벗어나는 과정을 그리고 있다. 그들은 여행지에서 똑같은 여정을 따라 계속 마주치며 여행의 의미 또한 같은 방식으로 독해한다. 그러면서 두 사람이 사고로 죽은 한 여자를 매개로 이어졌다는 사실을 알게 된다. 둘은 같은 상처를 공유하는 것이다.

둘은 서로의 상처를 함께 바라보고 나서야 이 사건이 자신들의 삶에 남긴 상처를 이해하고 직면하게 된다. 함께함을 통해, 그들은 사고가 가슴 속에 남긴 지독한 죄책감과 상실감을 털어내고서 붕괴하고 금이 간 세상과 타인에 대한 신뢰를 다시 세우고 이어 붙인다.

조각난 파편을 이어 붙이는 우리의 복원력

간발의 차이로 사고를 비켜난 사람이나 사고로 누군가를 잃은 사람의 고통은 이루 말할 수 없이 크다. 잃어버린 사람을 지켜내지 못했다

는 죄책감에 시달리고 지금 여기에 없는 사람을 향한 강렬한 그리움 때문에 현재에 머무르지 못한다. 그리고 안전한 세상에 대한 믿음이 깨져버렸기에 새로운 시도도 하지 못한다. 그 사건은 이제 지나갔으므로 안심해도 되련만 끝없는 불안과 두려움에 시달리며 안정을 찾지 못한다.

그러기에 이들에게는 죄책감과 상실감을 충분히 털어내고 무너진 신뢰를 회복할 수 있는 시간이 필요하다. 또한 그 상처를 이해할 수 있는 누군가도 필요하다. 나의 상처를 공감해주는 타인이 있어야 상처로 인해 허물어졌던 마음이 다시 복원될 수 있는 것이다. 그 사건이 있기 이전으로 완전히 돌아갈 수는 없지만 그래도 상처는 아물게 할 수 있다. 그것이 바로 진한 공감의 효력이다.

영화 속 상처 받은 인물들이 그랬고 현실 속 우리가 그러하듯, 먼 옛날 우리 선조들 역시 상실과 죄책감에 아파하는 사람을 위로하기 위해 '함께'라는 방법을 썼을 것이다.

사나운 맹수를 만나 상처 입은 사람을 그저 안아줄 수밖에 없었을 것이다. 그리고 같은 상실을 경험한 사람일수록 서로에게 더 큰 위로가 되었을 것이다. 영화는 바로 이 점에 초점을 맞추고 있다. 사고로 붕괴된 건물과 마음이 아닌, 사고 이후 복원해가는 건물과 마음에 대해서 말이다.

우리는
모두 연결되어 있다

세진(엄지원 분)은 사고가 발생하기 전까지 백화점 지하 커피숍에서 일하던 직원이었고, 민주(김지수 분)는 현우(유지태 분)와의 결혼을 준비하기 위해 사고 당시 우연히 백화점 커피숍에 들른 손님이었다. 세진과 민주는 낯선 타인이었지만 생사의 갈림길에 선 그곳에서 서로에게 의지가 되고 희망이 된다. 민주는 구조대원이 오기 전에 숨을 거두고, 민주의 마지막을 함께했던 세진은 현우와 함께 상실감을 치유해나간다.

세진과 민주가 죽음 같은 공포 속에서 무너져내린 시멘트 콘크리트 틈 사이로 대화를 나누었던 것처럼, 사고 후 살아남은 사람들은 함께 사고를 이야기함으로써 사고의 후유증에서 벗어나게 된다. 사고를 불러오는 것도 사람이지만 이를 복구하는 것 또한 사람이라는 것을 느끼게 해주는 대목이다.

아픔을 공유한 두 사람이 걷는 은행나무 길과 울창한 자연 속에 어우러진 암사, 길 옆으로 보이는 바다와 바닷가 마을 사람들의 모습은 여행이 주는 치유t의 효과도 잘 보여준다. 여행은 현실이 주는 가슴 시린 고통에 다른 관점을 제시해주고 여행이 끝나는 그 길에서 새로운 시작을 할 수 있는 힘을 부여한다.

그 여정을 담담하게 따라가면서 영화 〈가을로〉는 어떤 상황에서든 사람은 관계 속의 동물이며, 그 관계의 망 위에 우리 모두의 삶과 상처와 치유가 연결되어 있다는 것을 말해준다.

고통을 견디는 진부한 방법, 함께

▎사실 '함께'를 강조하는 이 영화의 메시지는 너무 선명하고, 남녀 주인공이 자신들의 연결고리인, 백화점 참사로 죽어버린 한 여성을 그리며 감정을 공유하는 모습은 클라이맥스라고 하기에는 너무 헛헛하다. 결말 또한 어쩌면 너무 뻔한 것인지도 모른다. 그러나 타인의 폭력성과 아픔에 무뎌져버린 우리의 마음을 다독이는 방법은 역시 진부한 곳에서 찾을 수밖에 없다. 누군가가 죽거나 다쳐도, 혹은 절절한 아픔을 겪고 있더라도 그 상실을 경험한 세계는 겉으로 보기에 잔인하리만큼 고요하다. 사람들의 일상에는 작은 변화조차 없어 보인다. 자신과 직접적으로 연결된 사람을 잃지 않는 한, 이 세상 사람들 대부분은 어제의 방식 그대로 오늘을 살아갈 것이다.

그러나 세계 이곳저곳에서 지금 이 순간에도 일어나는 사건사고와 우리가 아무런 연관이 없어 보이고, 우리가 아무리 무디고 초연해 보인다 해도 우리가 영향을 받지 않는 것은 아니다. 사고를 직접적으로 경험했든 간접적으로 경험했든, 그 사고로 누군가를 잃었든 잃지 않았든 우리 모두는 동시대를 살아가고 있다는 이유 하나로 끈끈하게 연결되어 있다. 그렇기에 우리 사회 속에서 일어나는 사건은 어떤 방식으로든 우리에게 영향을 미친다. 지금 이 순간 누군가가 엄청난 폭력을 당하고 있다면 우리 모두는 그 고통에 책임을 져야 한다. 왜냐하면 그것은 고스란히 우리의 고통이기 때문이다.

예전에 인기리에 방영되었던 드라마 〈다모〉에는 이런 대사가 나온다. "아프냐? 나도 아프다……."

이 짧은 대사에는 타인의 고통에 함께 아파하고 그럼으로써 그 아픔을 치유해주는 끈끈한 관계의 정수가 담겨 있다. 언제 어느 순간 다양한 사고와 폭력, 그리고 상처와 고통의 위험에 노출될지 모르는 우리는 우리의 고통을 어루만져주는 관계의 힘으로 오늘을 살고 있다.

외상 후 스트레스 장애
PTSD: Post Traumatic Stress Disorder

사고 얘기를 듣는 것만으로도 고통스러운 이유는 뭘까?

언론에서 연일 떠들썩하게 보도되는 사건사고들 가운데 유독 오랜 시간 우리의 마음을 흔드는 이야기가 있다. 그 현장에 있었던 것도 아니고, 그 일에 관련된 사람을 알고 있는 것도 아니고, 직접적으로 피해를 입은 것도 아닌데 정서적으로 흥분하거나 화가 나고 쉽게 불안해지기도 한다. 어떤 사람은 성폭력에 관련된 기사를 볼 때마다 크게 상심하고, 또 어떤 사람은 익사 사고를 전해 들을 때마다 숨이 찬다고 말한다. 북한의 도발에 관련된 기사에 민감한 반응을 보이는 사람이 있는가 하면 지진과 같은 자연재해 얘기를 접할 때 얼어붙게 된다는 사람도 있다.

어떤 현상에 대해 다른 사람보다 더 크게 심란해지거나 집착한다면 혹시 내 안에 그와 관련한 해결되지 않은 트라우마가 있는 것은 아닌지 살펴보아야 한다. 만약 일상생활에 지장을 줄 정도라고 판단이 될 때는 전문가를 찾아 상담과 치료를 받는 것이 필요하다. 우리가 지나친 감정을 보이는 데는 분명 그럴 만한 이유가 있기 때문이다.

외상 후 스트레스 장애는 충격적인 사건 후 겪게 되는 마음의 어려움을 나타내는 진단명이다. 사람들은 충격적인 일을 경험하더라도 시간이 지나면서 자연적인 힘에 의해 그 경험에서 벗어나고 회복해나갈 수 있지만 어떤 경우에는 마음의 상처를 계속 안고 가게 된다.

상처를 직시해야만 넘어설 수 있는데 충격과 고통이 너무 큰 경우에는 이를 직시하는 것조차 어렵다. 그래서 우리는 상처 받은 사람이 그 상처를 똑바로 보고 헤쳐나갈 수 있도록 힘을 실어주어야 한다. 상처가 제대로 치유되지 못하고 곪게 되면 더 큰 어려움을 불러올 수 있기 때문이다.

PTSD의 일반적인 증상은 다음과 같다.

1 **재경험**re-experience 과거의 충격적인 경험이 일상에서 반복적으로 연상돼 이를 다시 경험하는 것 같아 하루하루가 고통스럽다. 괴로운 기억이 반복해서 떠오르고 악몽을 계속 꾼다든가, 냄새가 느껴지는 것 같은 신체적 반응이 여기에 해당한다.

2 **회피**avoidance 어떻게 해서든 트라우마와 관련된 일을 피하고자 한다. 일시적인 기억상실증에 걸리거나 멍해지고 둔한 느낌에 빠지기도 하며 그와 관련된 장소나 사람, 사소한 단서마저 멀리한다.

3 **각성 상태**arousal 사소한 자극에도 폭발적으로 화를 내거나 놀라고 하루 종일 긴장한다. 피로하지만 잠을 잘 자지 못하고 집중하지도 못한다.

우리의 신체가 상처를 입은 후 스스로 재생하는 능력이 있는 것처럼 우리의 마음 역시 스스로 상처를 회복할 수 있는 능력이 있다. 그러나 트라우마 증상이 한 달 이상 지속되거나 다른 사람보다 증상이 더 심각한 경우에는 반드시 전문가의 상담을 통해 도움을 받아야 한다.

한쪽 문이 닫히면
다른 쪽 문이 열린다

노블리
Where The Heart Is

시련 속에서도
꿋꿋이 견디는 사람

삶에서 좋지 않은 일이 계속될 때, 열심히 해도 바라던 성과가 나지 않을 때, 나에게는 힘들기만 한 일이 다른 사람에게는 너무 쉬워 보일 때, 그리고 특히 집안 환경이 좋아서 승승장구하는 누군가와 나 자신이 비교될 때 우리는 한없이 초라해지며 나락으로 떨어지는 것 같은 기분을 맛본다. 갑자기 모든 것이 싫어지고 나 자신이 미워지고 주변 사람들에게 화가 난다. 아무리 노력하고 발버둥 쳐봐야 내 삶의 한계는 이미 정해져 있는 것 같아 무기력해지기도 한다. 그럴 때 우리는 주어진 환경 탓을 하며 불평불만, 화와 억울함에 가득 차 삶에 대한 의욕을 상실해버리기 쉽다.

환경의 한계와 현실의 좌절에 부딪칠 때 포기하고 싶은 마음이 드는 것은 어찌 보면 당연한 일 같다. 도저히 힘을 낼 수 없는 상황, 뭔가를 해보려 안간힘을 써도 세상 모든 것이 나를 가로막는 것 같은 상황에서 내가 무엇을 할 수 있을까?

삶의 좌절을 견디는 방식에는 정답이 없지만 더 희망적인 방식은 있게 마련이다. 어떤 사람들은 대부분의 사람들이 좌절하고 무기력해질 법한 엄청난 시련 앞에서도 결코 꺾이지 않는 강한 긍정성과 생명력을 발휘하기도 한다. 이들은 좌절이 올수록 더 열심히 자신을 갈고 닦는다. 누군가에게 상처 받은 후에도 '다시 믿어주기'와 '다시 관계 맺기'를 결코 멈추지 않는다. 영화 〈노블리 Where The Heart Is〉 속 노블리가 그랬던 것처럼 말이다.

절망의 끝에서
희망을 말하다

노블리(나탈리 포트만 분)의 삶은 실패와 거절, 시련과 고통의 연속이다. 그녀가 아주 어렸을 때 부모님은 그녀를 버렸다. 어느 누구에게도 따뜻한 보살핌을 받지 못하고 결핍된 환경에서 자란 그녀는 학교도 제대로 마치지 못했다. 식당에서 웨이트리스 일을 하며 생활했으며, 포크를 휘두르는 손님을 상대하다가 병원 치료를 받아야 할 만큼 환경도 열악했다. 남자친구를 만나 사랑하고 임신을 해서 함께 보금자리를 마련하겠다는 부푼 꿈을 꾸었던 것도 잠시, 애인은 단둘이 떠난 자동차 여행 도중 그녀를 버렸다. 영화는 앳된 얼굴의 사춘기 소녀가 만삭의 몸으로 까마득한 시골의 월마트에 버려진 장면부터 시작한다.

이제 빈털터리의 그녀는 아무런 연고도 없는 시골의 월마트에서 사람들 몰래 먹고 자고 씻는 생활을 계속한다. 그러다가 급기야 어느 새벽, 마트의 차가운 바닥에서 홀로 출산을 한다. 세상은 언제고 가혹하기만 했다. 어떠한 희망도 품을 수 없을 정도로 주지는 않고 자꾸만 그녀에게서 뭔가를 가져가버리곤 했다.

기질과 환경,
우리를 구성하는 두 가지

심리학자들은 우리를 떠받치는 요소를 크게 '기질nature'과 '양육 환경

nurture'으로 나눈다. '어떤 특성을 가지고 태어났는가'와 '어떻게 길러 졌는가'가 중요하다는 것이다. 둘 중 어떤 것이 더 중요한가에 대해서 는 학자마다 의견이 다르지만 두 요소 모두 중요한 것만큼은 분명하 다. 노블리는 밝고 낙천적인 기질을 타고났지만 태어난 후 그녀가 자 라온 양육 환경은 결코 따뜻하거나 우호적이지 않았다. 노블리는 크게 손상되고 결핍된 환경 속에서 자랐다. 그러나 노블리는 타고난 긍정성 과 단순한 희망을 품고서, 삶이 그녀를 속일지라도 결코 굴하지 않고 꿋꿋하게 살아낸다.

그녀의 모습은 따뜻한 양육과 환경의 중요성을 강조하는 심리학자 들의 가설을 무색하게 만든다. 가혹한 환경, 적대적인 사람들, 나쁜 관 계가 마지막 희망의 구멍을 틀어막아 버리는 것 같고, 이 세상의 모든 문이 내 앞에서 닫히는 것 같은 순간에도 그녀는 자기 안의 긍정적인 기질을 발휘한다. 그렇게 노블리는 가혹한 환경을 우호적으로, 적대적 인 사람들을 자기편으로, 나쁜 관계를 긍정적인 관계로 스스로 탈바 꿈시킨다. '한쪽 문이 닫히면 다른 쪽 문이 열린다'는 속담처럼 그녀는 절망의 끝, 고통의 나락에서도 삶은 살만하다는 것을 보여준다.

삶을 견디기 위해 우리가 대처하는 방식

삶은 고달프고 예측 불가능하다. 그래서 우리는 자신만의 방법을 마련해 적대적인 환경과 싸우고 삶을 통제하고자 한다. 힘겨운 상황을 이해하고 피해 가기 위한 처절한 몸부림이라고 할 수 있다. 이때 많은 사람들은 전혀 합리적이지 않은 방법, 미신적인 생각으로 버티기도 한다. 노블리 역시 마찬가지였다.

영화 속 노블리는 '5'라는 숫자를 싫어한다. 엄마가 떠날 때 노블리의 나이는 다섯 살이었고, 웨이트리스를 하다가 손님이 휘두르는 포크에 맞아 55바늘이나 꿰매야 했으며, 월마트에서 그녀가 물건을 사는 동안 남자친구가 임신한 그녀를 버리고 떠났을 때 그녀가 받은 거스름돈은 5달러 55센트였다. 그래서 그녀는 '5'라는 숫자와 엮이고 싶지 않다고 생각한다. 모든 불행이 숫자 '5'와 얽혀 있다고 생각한 것이다. 이것이 바로 노블리가 절망 대신 선택한, 자신을 위로하는 방법이었다.

그러나 노블리가 미신보다 더 의지하고 믿었던 대상은 바로 사람이었다. 그녀는 결국 사람과 부대끼며 사람을 통해 자신의 인생을 개척해 나가고, 누군가가 자기를 버리고 속여도 마지막까지 사람에 대한 신뢰와 사랑을 잃지 않는다. 월마트에서 아이를 낳은 이야기가 화제가 되어 그녀를 버린 엄마가 찾아와 노블리의 돈을 가져가버렸을 때도 그녀는 자신을 두 번 버린 엄마를 원망하지 않는다. 대신 새로운 관계에 기대어 꿋꿋이 살아가며 또 다시 삶을 개척한다. 사람을 신뢰한 노블리는 결국 사람을 얻었다. 삶에서 가장 중요했던 사람들은 그녀를 버렸지만 끝까지 포기하지 않았던 사람을 향한 희망은 마침내 현실이 된 것이다.

다시 삶을
개척할 수 있는 희망

▎삶이 나를 너무 들볶는다 생각될 때, 내가 가진 것이 너무 없다고 느낄 때, 배경 좋은 가정에서 남부러울 것 없이 자라 승승장구하는 엄친아, 엄친딸들을 보며 비뚤어진 마음을 품게 될 때, 이 영화를 보면 구겨진 마음이 풀리고 나를 구성하는 환경조차 내가 개척해나갈 수 있으리라는 희망이 생긴다.

어떤 사람은 모든 유리한 조건 속에서도 불평하고, 또 어떤 사람은 척박하고 결핍된 조건 속에서도 가장 아름다운 목소리로 사랑을 노래한다. 지금껏 살아가면서 내 안에 새겨진 결핍에만 집중하느라 지레 겁먹고 닫아버린 문이 있지 않았는지, 열려 있는 문을 보고도 머뭇거리기만 하지는 않았는지, 내가 먼저 달려가 문을 두드리고 열어달라고 보채야 했던 건 아닌지 돌아볼 일이다. 두드리면 열린다 하니 말이다.

왜 굴러간 볼링공을 보며
계속 손을 움직이게 될까?

영화 속 노블리는 숫자 5를 지독히 싫어한다. 그녀의 인생에 숫자 5가 엮일 때마다 불행한 일들이 펼쳐졌기 때문이다. 사실 합리적으로 생각해봤을 때 숫자 5는 그녀의 삶에 나타난 일련의 불행한 사건들과 관련이 없다. 그럼에도 그녀는 5를 싫어하고 5를 볼 때마다 불안해한다. 그녀의 마음 안에서는 서로 관계가 없는 별개의 단서와 사건 사이에 '연합'이 이루어졌기 때문이다.

노블리뿐 아니라 우리 모두는 다양한 방식으로 연합을 설정한다. 수험생들은 시험 당일 미역국을 먹지 않는다. 꼭 이겼으면 하는 경기가 있으면 그 경기를 절대 생중계로 보지 않는다는 사람도 있다. 그래야 자신이 응원하는 팀이 이긴다고 생각하기 때문이다. 또한 볼링장에서는 볼링공이 손에서 떠난 뒤에도 여전히 볼링공을 주시하며 손을 움직이는 사람들을 흔히 볼 수 있다.

이는 모두 우리 마음속에서 별개의 두 사건을 연합함으로써 나타나는 '미신적인 행동'이라 할 수 있다. 우리는 왜 이런 행동을 할까? 우리 삶에 더 큰 통제력을 갖기 원하기 때문이다. 특히 개인적으로 큰 의미가 있는 일이거나 간절히 원하는 일일수록 우리는 이런 미신적 행동을 더 열렬히 반복하게 된다.

이러한 우리의 마음속 연합 현상과 그에 따른 미신 행동을 처음으로 연구한 사람은 프레더릭 스키너B.F Skinner 박사였다. 그는 자극 간의 연합을 연구하던 중 비둘기들이 먹이가 나오기 전 자신만의 독특한 행동 패턴을 고수한다는 사실을 발견했다.

박사는 비둘기가 어떤 행동을 하든 15초마다 한 번씩 주기적으로 먹이를 주는 실험을 설계하고 비둘기들의 행동을 주시했다. 그러자 비둘기들은 15초마다 먹이가 나온다는 사실을 모르고 그저 먹이가 나오기 직전 자신이 했던 행동을 무수히 반복했다. 이를테면 어떤 비둘기는 왼쪽으로 두 번 돌기를, 또 다른 비둘기는 오른쪽으로 한 번 돌고 앞으로 한 발짝 가기를 반복했다. 그래야 먹이가 나온다고 생각한 것이다. 결국 먹이를 얻는 데 어떠한 영향도 미치지 못하는 불필요한 행위를 반복하면서 자신의 행위로 인해 먹이가 나온다고 착각한 것이다.

우리의 미신적 행동 밑에도 이렇게 착각이라 할 수밖에 없는 연합이 깔려 있다. 일종의 잘못된 학습인 셈이다. 영화 속 노블리가 '숫자 5 징크스'를 극복하려면 자신이 만들어낸 연합 사이에 아무 관련이 없다는 사실을 명확히 깨닫고 스스로 통제할 수 있는 다른 부분을 개선하기 위해 노력해야 할 것이다.

다른 한편으로는 우리의 미신적 행동을 모두 고쳐야 하는 것일까 하는 의문도 든다. 예측 불가능한 환경 속에서 하루하루를 살아야 하는 우리에게는 비록 착각일지라도 지금 이 순간을 버티게 해주고 희망을 주는 미신이 필요한 것일지도 모르기 때문이다.

우리 안의 광기와
공존하는 법

뷰티풀 마인드
A Beautiful Mind

외로운 천재,
그들의 광기

세상의 많은 천재들은 외톨이다. 그들은 보통 사람들의 시샘과 경의와 경악을 자아내는 비범한 능력을 지녔지만 그 능력 때문에 남과 다른 사람이 되어 무리 속에 섞이지 못하곤 한다. 놀라운 집중력과 능력으로 정상에 오를지라도 인정받을 뿐 이해받지는 못하는 경우가 많다. 외로운 그들은 마음을 나눌 사람이 없어 광기에 휩싸이기도 쉽다. 세상의 수많은 천재들이 '미친' 사람이었던 것은 바로 그런 이유 때문일 것이다.

천재들의 광기에 대한 멋진 영화 한 편이 있다. 바로 노벨상을 받은 천재 수학자, 존 내시John F. Nash의 일대기를 그린 영화 〈뷰티풀 마인드 A Beautiful Mind〉이다. 이 영화는 미쳐버린 천재를 그리고 있다. 동시에 이 영화는 우리가 흔히 품는 정신질환에 대한 의문점을 감동적으로 풀어낸다. 그 의문점은 다음과 같다.

첫째, 정신질환에는 왜 걸릴까?

둘째, 정신질환에 걸린 사람을 어떻게 대해야 할까?

셋째, 정신질환에 걸리면 정말 끝일까?

정신질환에는
왜 걸릴까?

영화는 존 내시(러셀 크로 분)의 대학원 시절에서부터 시작된다. 어린 시
절 그에게는 지진아라는 딱지가 따라다녔고, 보살펴주는 사람 없이
외톨이가 되어 책에만 파묻혀 혼자 보내는 시간이 많았다. 영화의 시
작과 함께 펼쳐지는 그의 대학원 시절도 상황은 크게 다르지 않은 것
같다.

그 시절 내시는 이 세상을 모조리 숫자와 공식이라는 렌즈로 살펴보
며 연구와 논문에만 열을 올린다. 가깝게 마음을 나누는 친구도 없는
것 같고, 다른 학생들처럼 데이트에 열중하거나 감정을 주고받는 경험
에 가치를 두는 것 같지도 않다.

그는 철저하게 사람들로부터 고립되었고 압박감에 시달린다. 이성
과 논리의 원칙에만 몰두한 나머지 감성과 정서가 메마른 삶을 사는
것이다. 그러다가 스트레스가 극에 달하는 어느 순간, 그는 실제와 환
상을 구분 못하고 망상과 환영, 환청에 시달리게 된다. 그의 영혼을 갉
아먹는 정신분열 증세는 이 시기에 발병하기 시작한다.

그가 억압하고 부인하던 욕구, 그리고 감당하기 힘들 정도로 스트레
스를 주는 불안은 현실에 존재하지 않는 세 개의 망상으로 형상화된
다. 가장 먼저 나타난 것은 절친한 룸메이트였다. 이 가상의 친구는 현
실에는 없는 우정의 공백을 메워주는 역할을 한다. 억압된 친교의 욕

구가 망상으로 나타난 것이다.

두 번째로 나타난 환영은 그에게 작전과 임무를 하달하는 정부요원이었다. 내시는 스스로 국가 기밀 작전을 수행한다고 착각을 하고서 실제 존재하지도 않는 그 요원의 명령과 위협에 따라 엄청난 시간과 노력을 들여 자기만의 연구에 착수한다. 정부요원은 존 내시에게 스트레스를 주는 적대적 환경이자 자신이 스스로 만든 감옥을 상징한다.

세 번째 환영은 한없이 사랑스러운 가냘픈 소녀의 모습으로 그의 주위를 서성인다. 귀엽고 앙증맞은 모습으로 팔을 벌리고 선 소녀는 안아주고 보호해주고 싶은 자신의 유아적 욕구를 상징하는 것 같다.

그에게 나타난 세 사람의 환영을 보면 정신질환이 왜 발병하는가에 대한 실마리를 얻을 수 있다. 정신질환은 스트레스가 극심한 상황에서 이를 견딜만한 내적인 힘과 다른 사람에게 손을 뻗어 도움을 청할 수 있는 외적인 힘이 부족할 때, 동시에 그 사람이 자신의 이런 감정적 욕구를 억압하고 부인할 때 발병할 가능성이 크다는 것이다.

우리는 살면서 여러 가지 스트레스에 시달린다. 그러다보면 어떤 부분에 과도한 에너지를 투여하기도 하고 다른 사람과 함께하는 데 어려움을 겪기도 한다. 이런 상황이 극에 달해 압도적이 되면 이때 우리의 내면은 정신질환에 취약해지고 이상과 현실, 망상과 실제, 거짓과 진실을 구별해낼 힘을 잃게 된다.

정신질환에 걸린 사람을
어떻게 대해야 할까?

정신질환은 우리의 삶을 황폐하게 한다. 현실과 환영을 구분할 힘이 없어진 영화 속 존 내시는 마치 건물의 중심 골격이 허물어져 내려가듯 제대로 된 삶을 영위하기 힘들어진다. 하지만 위기에 직면한 것은 그만이 아니다. 그의 아내와 아이 역시 이제 그를 의지할 수 없다.

절망에 빠진 아내는 이렇게 묻는다. "당신이 나를 해칠 수도 있는 건가요?"

그런데 그는 이 질문에 아내를 사랑하는 평범한 다른 남편들처럼 "말도 안 돼!"라며 펄쩍 뛰지 못한다. 제어할 수 없는 힘에 붙들려 통제력을 잃어버린 그는 그저 고개만 숙일 뿐이다. 그럼에도 아내는 그를 떠나지 않고 헌신적으로 그를 보살핀다. 남편을 결코 믿을 수 없는 상황에서도 믿어주고, 믿었다가 다시 절망하는 순간이 와도 또 다시 믿어준다. 이 과정에서 그녀는 자신이 처한 상황에 분노하기도 하고 슬퍼하기도 한다. 하지만 남편에 대한 희망만은 저버리지 않고 그의 곁을 지킨다.

이런 그녀의 모습은 사랑하는 사람이 정신질환을 앓을 때 우리가 어떻게 대처해나가야 하는가를 잘 보여주는 듯하다. 절망하고 분노하고 슬퍼하되 결코 희망을 버리지 않고 끝까지 옆에 있어주기, 그것이면 충분하다는 것이다.

A Beautiful Mind

정신질환에 걸리면
정말 끝일까?

▎자신의 노력과 아내의 헌신으로 존 내시는 우여곡절 끝에 다시 강단
에 서게 된다. 정신질환은 결코 완치되지 않았다. 한번 발병한 정신분
열증은 평생 그를 따라다녔고, 망상과 환영과 환청은 언제나 그의 옆
에 끈덕지게 붙어 있었다. 새로 말을 걸어오는 사람이 망상 속 인물인
지 실제 인물인지 의심해야 할 정도로 정신분열증의 덫은 집요하다.
그러나 각고의 노력 끝에 그는 자신의 병을 있는 그대로 인정하고 다
스리는 방식을 익히게 되었다.

내시는 자기 안에 깊숙이 들어와 있던 익숙한 망상 속 친구들과 서
서히 작별하는 힘든 과정을 거친다. 끈질기게 따라다니며 영혼을 지
배하려 드는 친구의 말을 무시하고, 자신을 위협하는 정부요원의 말
에 더는 휘둘리지 않으며, 팔 벌려 안아달라고 우는 소녀도 그냥 지나
친다.

억지로 무시하거나 애써서 급하게 제거하려 하지 않고 그 병과 공존
한 상태에서 서서히 현실적인 삶을 살아가는 방법을 깨우쳐간 것이다.
결국 그는 인류에 큰 공헌을 한 위인으로서 노벨상을 수상하기에 이
른다. 이런 그의 모습은 정신질환에 붙들린 사람들도 무언가를 이뤄낼
수 있다는 사실, 그 질병 때문에 모든 게 끝나는 것은 아니라는 사실을
보여주는 생생한 증거가 된다.

영화는 막바지에 이르러 그가 노벨상을 수상하고 난 뒤 소감을 발표하는 장면을 비춘다. 그 자리에서 존 내시는 영화가 말하고자 하는 메시지를 관통하는 심오한 삶의 의미를 전한다. 그것은 그가 평생을 바쳐 알아내려 했던 '신비로운 수학의 방정식mysterious equation of math'이 아니라 '신비로운 사랑의 방정식mysterious equation of love'이 발하는 의미였다. 사랑은 지독한 질병으로 자기 자신을 상실한 사람도 끝까지 믿어주는 놀라운 힘을 발휘한다. 어떤 것을 추구하든, 우리 모두에게 필요한 것은 결국 사랑이다.

함께하는 우리, 함께하는 세상

혼자서는 해결하기 힘든 문제로 도움을 청하려 상담실 문을 두드리는 많은 사람들은 혼란을 겪는다. '내가 너무 마음이 약한 것일까,' '정신과 상담을 받는다고 하면 다른 사람들이 나를 어떻게 생각할까,' '과연 상담으로 내 문제가 해결될 수 있을까,' '진료 기록이 남아 나중에 불리하게 작용하지 않을까' 등 여러 가지 복잡한 생각이 들게 마련이다. 특히 타인의 왜곡된 시선과 몰이해는 필요한 순간 손을 뻗어 도움을 청하는 것을 더 어렵게 만든다. 처음에 손을 잡아줄 사람, 함께해줄 사람이 있다면 나중에 더 큰 어려움에 봉착하는 일을 막을 수 있을텐데 말이다.

　살다보면 누구나 마음의 어려움에 부딪칠 수 있다. 도움을 요청하고 서로 돕는 것은 전혀 부끄러운 일이 아니며 가장 자연스러운 행동이다. 이미 정신질환이 발병해서 손쓸 수 없는 상태인듯 보였던 존 내시 박사조차 주변 사람들의 도움과 사랑, 자신의 의지와 노력으로 인류에 큰 공헌을 하기에 이르렀다. 그가 단지 영화 속 인물이 아닌 실존 인물이었다는 사실은 한층 의미심장하다. 그의 일대기를 다룬 〈뷰티풀 마인드〉는 우리 마음속 어려움을 따뜻한 시선으로 바라볼 수 있도록 해주는 영화다.

어떤 것을 망상증이라고 할까?
망상에는 어떤 종류가 있을까?

영화 속에서 내시 박사는 평생에 걸쳐 망상과 싸우는 모습을 보인다. 그의 망상 증세는 심각해서 일상생활은 물론 학문을 닦는 일 또한 힘들게 한다. 여기서 '망상'이란 스스로 당연하게 여기기에 옆에서 아무리 설득하고 증거를 보여줘도 납득하지 못하는 비합리적인 관념을 말한다.

내시 박사는 다른 사람에게는 보이지 않는 인물들이 자신의 친구이거나 적이라고 믿었다. 다른 심리적 증상과 비교해보면, 자신의 생각에 전혀 괴리감을 느끼지 않고 이를 당연하다고 믿으며 타인과의 관계를 점점 단절해나간다는 데서 차이가 있다.

영화 속에서 표현된 망상은 정신분열증의 한 증상이었지만, 실제 우리 주변에서는 망상증까지는 아니어도 '망상적 신념'이라 할 수 있는 경미한 성향을 보이는 사람들을 쉽게 볼 수 있다. 여기에는 다음과 같은 종류가 있다.

1 **피해망상** delusion of persecution 다른 누군가가 의도적으로 자신을 해치려 한다는 신념에 기초한다. 피해망상을 가진 사람은 중립적이거나 호의적인 타인의 행동도 부정적이거나 공격적으로 인식한다. 근거 없이 누군가가 나를 미워한다거나 해치려 한다고 느끼기 때문에 쉽게 불안해한다. 이들은 자신을 보호하기 위해 공격적으로 행동하기도 한다.

2 **질투망상** delusion of jealousy 셰익스피어의 비극 중 하나인 〈오셀로 Othello〉를 보면 질투망상이 얼마나 무서운 결과를 초래하는가를 알 수 있다. 질투망상은 사랑하는 사람이 나 아닌 다른 사람을 사랑하고 있다는 잘못된 신념에서 비롯되며, 이러한 신념은 대개 사랑하는 사람을 잃을지도 모른다는 불안에서 싹튼다.

3 **과대망상** delusion of grandeur 과대망상은 자신의 능력이나 영향력을 실제보다 크게 느끼는 정도가 지나친 경우를 뜻한다. 실제로 이러한 착각에 빠진 사람들을 많이 볼 수 있는데, 반증이 계속 나타나는데도 자신의 신념을 꺾지 못하는 경우 과대망상의 문제가 있는 것은 아닌지 의심해볼 필요가 있다.

〈뷰티풀 마인드〉에서 내시 박사는 몇 년이 지나도 나이 들지 않는 소녀의 모습을 보며 어느 순간 자신이 망상에 빠져 있다는 사실을 깨닫는다. 자신의 망상 속 균열을 발견하기 시작한 것이다. 이를 통해 그의 아내는 남편이 치유될 수 있다는 희망의 끈을 다시 단단히 붙잡는다. 망상에서 진정으로 벗어나기 위해서는 진실을 가슴으로 느끼고자 하는 본인의 노력과 끝까지 희망을 잃지 않는 주변 사람의 인내가 필요한 것이다.

그가 홀로 유지하고 있던 견고한 세계 속 균열을 스스로 발견하고 자신만의 관념 속에서 빠져나오기 위해 끊임없이 노력했던 것처럼, 우리 역시 우리의 견고한 관념 속에 존재하는 균열을 감지하고 수정하며 우리의 세계가 타인의 세계와 쉽게 공유될 수 있도록 노력할 필요가 있지 않을까.

사이코패스를
진단하다

향수

Perfume: The Story Of A Murderer

인간 본성에 대한
잔인한 진실

세상을 경악에 빠트리는 잔혹한 범죄 이야기들을 접할 때면 우리는 인간의 본성에 대해 다시 생각해보게 된다. 이와 관련해 '사이코패스 psychopath'라는 정신 현상에 대한 관심이 높아지고 있는데, 사이코패스는 1920년 독일의 쿠르트 슈나이더Kurt Schneider 박사가 최초로 사용한 진단명으로서 반사회적 인격 장애의 하나로 분류된다. 사이코패스로 분류되는 이들은 이기적이고 충동적이며 거짓말을 쉽게 하고 잘못을 한 후에도 양심의 가책을 느끼지 못한다고 한다. 감정적으로 미숙하거나 무디기에, 다른 사람이라면 동요하거나 괴로워할 순간에도 태연함을 유지한다. 모든 사이코패스가 범죄자가 되는 것은 아니지만 연쇄 살인범이나 잔혹한 범죄를 저지르는 범죄자들이 가장 극단적인 사이코패스의 양상을 띠는 경우가 많다.

어쩌면 사이코패스는 지금 우리가 가장 경계해야 할 정신질환인지도 모르겠다. 그들은 인간의 조건과 인간이라는 존재의 경계선을 다시 돌아보게 만든다. 과연 인간을 인간답게 하는 것은 무엇이며, 우리가 사이코패스라고 규정하고 몸서리치게 되는 폭력적인 행위는 어떤 기준으로 가늠할 수 있는 걸까? 여기저기서 펼쳐지는 인간의 폭력성에 점차 경각심을 잃어가는 현재, 영화 〈향수Perfume: The Story Of A Murderer〉는 바로 이런 질문을 우리 안에 메아리치게 한다.

향기를 위해
사람을 죽이다

영화 〈향수〉의 주인공 그루누이(벤 위쇼 분)는 결코 인간적이지 않다. 그는 타인의 아픔과 고통에 어떠한 감정도 느낄 수 없는 것처럼 보인다. 그는 오로지 향기에만 집착한다. 향기를 얻기 위해 아름다운 체취를 지닌 여인들을 차례로 살해하면서도 양심의 가책이 전혀 없다는 점에서 다른 살인자들과는 또 다르다. 그는 피도 눈물도 없이 타인을 도구로 이용하고 착취한다. 그렇게 그와 관계를 맺었던 많은 사람들은 이 세상에서 사라져갔다. 그래서 그는 자신의 아픔과 고통과 슬픔을 그 누구와도 나누지 못하고 세상 속에서 철저하게 고립될 수밖에 없다. 그럴수록 그는 향기에만 더욱 집착한다.

이런 그루누이의 모습은 마치 기계와 같다. 하지만 그는 기계가 아닌 인간이며, 사람들 사이에 섞여 있다. 그러기에 쉽게 자신을 드러내지 않고 있다가 어느 순간 사람들을 해치는 그의 모습은 더 큰 공포감을 자아낸다. 영화 속 그의 모습은 신문지상에 떠들썩하게 오르내리는 사이코패스의 모습과 그들의 잔인한 범죄와도 묘하게 오버랩된다.

공감과 양심은 우리가 우리 안의 욕망을 다스리고 타인을 향한 공격성을 조절하도록 해주는 브레이크라 할 수 있다. 많은 학자들은 전두

Perfume: The Story Of A Murderer

엽이 이런 브레이크 역할을 한다고 말한다.

전두엽과
폭력성

1848년 미국 버몬트의 철도회사 현장 감독이었던 피니스 게이지 Phineas Gage는 일하던 도중 쇠막대가 머리를 관통하는 큰 사고를 당했다. 막대를 제거하는 수술을 받고 간신히 죽음은 면할 수 있었지만 이후 그의 성격은 완전히 변하고 말았다. 온순했던 그는 사고 이후 사소한 일에도 크게 화를 내고 욕설을 퍼부어서 주위 사람들을 놀라게 만들었다. 그 쇠막대가 관통한 지점이 다름 아닌 전두엽이었다는 점 때문에 결국 그는 심리학사의 한 페이지를 장식하게 된다. 그의 성격 변화가 전두엽과 폭력성 간의 연결고리를 보여준 셈이다.

이 사건 이후에도 많은 학자들이 폭력성과 전두엽의 관계를 연구했다. 그 가운데 미국의 아드리안 레인Adrian Raine이라는 학자는 살인을 저지른 사람들의 뇌를 양전자방출 단층촬영PET한 결과를 토대로 폭력성을 연구했다. 그 역시 살인을 저지른 사람들이 전두엽에 이상이 있다고 결론을 내려, 전두엽의 손상이 폭력성과 관련이 있음을 다시 한번 입증했다. 그는 이 연구 결과를 소개하면서 폭력적인 사람들은 '감정과 분노를 조절할 수 있는 브레이크가 결여되어 있다'고 설명했다.

전두엽은 우리 뇌에서 동기를 유발하고 감정을 조절하며 목적 지향적인 활동을 해나갈 수 있도록 하는 부분이다. 그렇기에 감정이나 사회성과 관련된 문제는 대개 전두엽의 문제와 연결되는 것이다. 이 때문에 일부 학자들은 사이코패스들의 이상 행동이 전두엽의 결함과 관련이 있을 것으로 보았다. 하지만 전두엽의 이상으로만 사이코패스의 잔혹한 행동을 설명하기에는 부족하다. 전두엽에 이상이 있는 모든 사람이 사이코패스가 되는 것도 아니고, 모든 사이코패스 환자가 범죄를 저지르는 것도 아니기 때문이다. 그래서 사이코패스의 발생 원인에 대한 선천적이고 생물학적인 결함뿐 아니라, 다른 측면에 중점을 둔 접근 역시 많이 이루어지고 있다. 바로 양육과 환경에 관한 연구다.

모든 것은
공감의 부재에서 시작된다

영화 〈향수〉에 드러난 그루누이의 모습은 한 사람이 사이코패스가 되기까지 환경과 경험이 미치는 영향을 보여준다. 또한 '공감'이 한 개인의 삶에서 얼마나 중요한지도 드러난다. 영화 속 주인공은 태어날 때부터 존재 자체가 어떠한 공감과 정서적 지원도 받지 못했다. 생선 장수였던 어머니는 생선을 팔다가 그를 낳았고, 생선을 자르던 칼로 아기의 탯줄을 잘라 생선의 내장과 비늘 더미 위에 그를 버렸다. 그대로 죽을 운명이었던 그루누이는 극적으로 구원되긴 하나 그 후 그의 삶 속에는 어떠한 인간다운 교류와 따뜻한 손길, 눈빛과 몸짓이 오가지 않았다. 그의 존재는 오로지 노동력을 중심으로 팔리고, 사용되고, 도구적으로 착취될 뿐이다.

이런 그가 공감할 줄 모르는 사이코패스가 되는 것은 어쩌면 당연한 일이었는지도 모른다. 어느 누구에게서도 공감을 받은 적이 없으니 어느 누구에게도 공감할 수 없는 사람이 된 것이다. 공감을 받아본 적도 해본적도 없어 텅 빈 그의 마음은 향기를 얻기 위해 사람을 소멸시키는 피나는 노력과 맹목적인 열정으로 채워진다. 그 열정이 처절할수록 한편으로는 서글프게 느껴진다.

'공감'이란 말 그대로 감정과 감정이 공유되는 느낌을 말한다. "그래, 그랬겠지" 하는 아주 사소한 말과 눈빛과 몸짓 속에서 서로의 마음을 느끼고 전하는 행위인 것이다. 이처럼 공감은 거창하거나 어려운 일이 아닌, 한 사람이 다른 한 사람에게 보여줄 수 있는 아주 사소한 행위다. 그러나 공감의 부재가 가져오는 결과는 무척이나 파괴적이다. 공감이 결여된 그루누이의 삶은 결과적으로 타인의 어떤 고통에도 공감하지 못하는 인간성을 빚어내게 된다.

한 사람의 공감 부재(혹은 결핍)는 그저 한 개인의 문제에 그치지 않는다. 사람과 사람 사이를 잇는 공감이라는 심리적 아교가 없다면 사회 구성원들이 건강하고 행복한 삶을 살기 어렵기 때문이다. 최근 제레미 리프킨이 내놓은 저서 《공감의 시대》에서 강조되는 21세기형 인간 역시 '호모 엠파티쿠스Homo empathicus' 즉 공감하는 인간이다.

공감은
세상 모든 악의 해독제

한 심리학 실험에서는 갓 태어난 아기조차 '공감'과 유사한 반응을 보인다는 사실을 증명했다. 아기들은 후에 공감 능력으로 발전하게 되는 '정서 전염emotional contagion'이라는 것을 느낀다. 신생아실에 있는 아기들조차 옆의 아이가 울면 그 감정에 전염되어 그것이 자신의 슬픔인 줄 알고 함께 울게 되는 것이다. 그렇게 자란 우리는 누군가가 아파하면 마음이 찡해지고, 타인의 슬픔을 보여주는 영화와 드라마를 보며 마치 자기 일인 것처럼 눈시울을 적시게 된다.

과거에도 '사람의 탈을 쓰고 어떻게 그럴 수 있을까?'라는 탄식을 자아내는 범죄는 있었다. 하지만 현대사회에서는 강력한 미디어의 힘덕분에 지구 반대편에서 일어난 사이코패스들의 행각까지 실시간으로 전달받기에, 한층 더 큰 공포와 경각심을 느끼게 된다.

최근 들어 이들의 폭력성이 크게 조명되는 이유는, 우리가 그만큼 타인의 고통에 무뎌졌고 폭력이 일상적으로 일어나는 환경에 살고 있기 때문일 것이다. 그렇다면 영화 속 그루누이의 모습은 우리에게 어떤 메시지를 전하고 있을까? 우리는 '공감의 부재'가 그의 악마적 행위의 근본 원인이었을 뿐 아니라, 한편으로는 그를 치유할 수 있는 해독제이기도 하다는 점에 주목해야 한다. 사이코패스들이 저지른 가슴 서늘해지는 잔혹한 범죄 소식은 공감이 부족한 삶을 살아가는 현대인에게 그야말로 경종을 울리는 메시지라 할 수 있다.

심리학자 대니얼 골먼Daniel Goleman은 《감성지능emotional intelligence》이라
는 책을 통해 이 세상의 어떤 지능보다도 '감성지능'이 중요하다고 강
조했다. 또한 이토록 중요한 인간의 정서적 측면이 무시되고 제대로
평가받지 못하는 현실이 애석하다고 덧붙였다. 그의 주장은 우리 사회
가 간과하고 있었던 정서적인 교류의 중요성을 부각한다. 인간성 상실
을 우려하는 목소리가 높아지고 사이코패스에 대한 집단적 불안이 커
진 지금, 우리의 아이들에게 진정 필요한 것은 수학과 영어 공부가 아
닌 '공감'에 대해 가르치고 나누는 일이 아닐까 싶다.

접촉 위안
Contact Comfort

다정한 포옹이 마음의 치유에 미치는 영향

아무런 편견과 조건 없이 누군가를 있는 그대로 안아주는 일에는 치유의 힘이 있다. 때로 비언어적인 제스처는 언어보다 더 강력한 힘을 발휘하는 법이다. 프리허그닷컴free-hugs.com의 설립자인 제이슨 헌터Jason G. Hunter는 2001년 처음으로 프리허그Free Hug운동을 시작했다. '그 사람들이 중요한 사람이라는 걸 모두가 알게 하라'고 했던 어머니의 가르침에서 영감을 받아 전개했다는 이 운동은 얼마 후 전 세계로 퍼져나갔다. 여기에서 우리가 얼마나 따뜻한 포옹을 원하는지, 우리 안에 그러한 접촉위안이 얼마나 결핍되어 있는지를 분명하게 알 수 있다.

프리허그 운동을 지켜보면 심리학자 해리 할로우Harry Halow가 원숭이를 대상으로 한 접촉 위안에 대한 실험이 생각난다. 할로우는 어린 아이들이 폭신폭신한 천 조각을 좋아하고 안아주기를 원한다는 점에 착안하여 우리를 행복하고 건강하게 해주는 사랑의 기제를 밝히겠다는 목표 아래 일련의 실험을 진행했다.

그는 원숭이에게 우유를 주는 두 명의 가짜 엄마를 설정했다. 한 엄마는 딱딱한 철로 만들어졌고 다른 엄마는 폭신한 천으로 만들어졌다. 관찰 결과 아기 원숭이들은 확실히 철로 만든 엄마보다 천으로 만든 엄마 곁에서 더 많은 시간을 보냈고, 천 엄마에게서 우유가 나오지 않을 때조차 폭신한 엄마에게 매달려 철 엄마의 우유를 받아먹는 모습을 보이기도 했다. 이 실험 결과는 포근하고 따뜻한 접촉이 우리에게 미치는 힘이 그만큼 강렬하다는 것을 보여준다. 우리 안에는 일차적인 생리적 욕구를 넘어선 접촉과 보살핌을 갈구하는 욕구가 존재한다. 이 욕구가 좌절될 때 우리는 스트레스에 취약해지고 정서 조절이 어려워지며 다른 사람 앞에 나서기도 두려워진다.

또한 이 연구 결과는 〈향수〉의 주인공이 파괴가 아닌 치유로, 향기에 대한 집착이 아닌 사람과 함께하는 관계로 가기 위해 필요했던 것이 무엇인가도 밝혀준다. 태어나자마자 악취 나는 생선 더미 위에 버려져 따뜻하고 인간다운 보살핌을 한 번도 받아본 적 없었던 주인공은 인간다운 행동이 무엇인지 몰랐을 것이다. 부드럽고 따스한 대상과 밀접하게 접촉하고자 하는 욕구가 반복적으로 좌절되자, 그는 부드럽고 매혹적인 여인의 향기에 주체할 수 없을 만큼 집착하게 된 것이다.

그런데 왜 하필 향기였을까? 이는 아마도 우리의 감각 중 가장 원초적인 것이 후각이라는 점과 관련이 있는듯하다. 감정을 다독여주는 사람이 없으니 그는 결국 감각에만 집중하게 되고 그중에서도 가장 원초적인 감각인 후각에 집착하게 된 것이다. 더구나 그가 태어남과 동시에 버려져 어둡고 더러운 곳을 전전했다는 사실도 여기에 영향을 미쳤을 것이다. 그에게 좋은 냄새란 좋은 환경, 따스한 보살핌, 무한한 사랑인 셈이다.

할로우는 사랑의 본질을 '접촉contact'으로 보았다. 불안하고 무뎌지는 우

리의 마음을 치유하는 데는 누군가의 따뜻한 포옹만큼이나 효과적인 것
이 없다는 소리다. 힘들어하는 누군가가 있다면 아무 말 없이 따뜻하게
안아주거나 손을 잡아주는 것은 어떨까. 그것만으로 이미 위대한 치유의
씨앗은 뿌려진 셈이다.

진정한 치료자를
꿈꾸다

패치 아담스
Patch Adams

타인을 돌보는
사람들

의사, 간호사, 사회복지사, 심리치료사, 교사라는 직업군에는 공통된 특징이 있다. 바로 타인을 돌보는 일을 한다는 점이다. 환자와 내담자, 학생들은 모두 이들과의 교류를 통해 아픔을 치유하거나 고통을 제거하는 회복의 과정을 거쳐, 무지와 혼란의 세계를 벗어나 성장과 행복의 세계로 향할 수 있다.

영화 〈패치 아담스Patch Adams〉는 그중에서도 의사라는 직종에 종사하는 주인공 패치(로빈 윌리엄스 분)의 모습을 다룬다. 그러면서 사람이 사람을 돌본다는 것이 무엇을 의미하는가 하는 화두를 던진다.

주인공 패치 아담스의 본래 이름은 헌터 아담스다. 극도의 절망감 때문에 자살 시도를 하고 정신질환 환자로 정신병동에 갇혀 있던 헌터는 어느 날 타인을 돌보고 돕는 데서 삶의 의미와 희열을 느끼게 된다. 정신병동의 외로운 사람들 마음속에 들어가는 일이 그를 살린 것이다.

동료들을 있는 그대로 봐주고 의사보다도 더 진심으로 다가가 그들의 마음을 어루만지면서 그는 '패치'라는 별명을 얻는다. '패치Patch'라는 단어는 무언가를 보완하고 고친다는 의미를 담고 있다. 다시 말해 그가 사람들의 마음을 돌봐주고 고쳐준다는 뜻이다. 이렇게 그는 자신을 찾고 세상과 더 나은 소통을 시작한다.

그래요,
당신이 옳아요

▋ 그가 정신병동에서 만났던 사람들은 모두들 어떤 이유 때문에 자신만의 주관적 세계와 다른 사람과 함께하는 사회 사이에서 갈등을 겪고 그곳에 모였다. 다른 사람들은 어서 빨리 사회로 나와 정상인듯 행동하고 사고하도록 으르고 재촉하고 조롱하고 압박했지만, 패치만은 이들의 주관적 세계를 들여다보려 노력하고 그대로 인정하려 한다. 이는 심리치료의 여러 원칙 가운데 '내담자는 모두 옳다'는 내용과도 일치하는 모습이다.

그는 상상 속의 다람쥐가 두려워 화장실도 못 가는 환자를 위해 함께 상상의 전투를 벌이고, '손가락이 몇 개인가'를 강박적으로 물으며 '문제에만 몰입하는 것보다는 손가락 너머 사람을 보는 것이 중요하다'는 인생의 진리를 얘기하는 환자의 이야기를 끝까지 진지하게 들어준다. 그의 태도는 환자의 말을 흘려들을 뿐 경청하지 않는 의사와는 전혀 달랐다. 이 과정에서 패치는 타인의 이야기를 진심으로 들어주고 마음이 통했다는 느낌을 전하는 것이 얼마나 중요한가를 깨닫는다. 또한 동료 환자와 마음을 나누는 경험을 함으로써, 타인과 진정 함께한다는 것을 느끼는 순간의 치유적인 희열감을 맛보게 된다.

그는 애초에 돌봄을 받으려 정신병동에 입원했지만, 돌봄을 받기보다 도리어 누군가를 돌봄으로써 스스로를 구해내고 확장시켜나간다.

그리고 의사가 되어서 더 많은 사람들과 소통하고, 유머를 통한 휴머니즘 치료를 이루어내고 싶다는 꿈을 꾼다. 정신병동에서 퇴원한 그는 이 꿈을 이루기 위해 의대에 진학한다.

깨고 싶지만
지켜야 하는 규칙

패치의 열정과 지성, 확고한 목표의식, 그리고 좌절 속에서도 금세 스스로를 건져 올리는 유머감각은 성공적인 의대 생활을 할 수 있도록 그를 이끌어준다. 그는 수련 과정을 거치며 웃음을 잃어버린 병원의 아이들에게는 피에로가 되어 웃음을 돌려주고, 다가오는 죽음이 두려워 모든 사람에게 저승사자처럼 삐딱하게 대하는 환자에게는 죽음을 게임처럼 편하게 받아들일 수 있게 한다. 사파리 사냥을 꿈꾸는 어느 환자를 위해서는 한밤중 풍선 사냥을 벌여 환상을 실감나게 실현시켜주기도 한다. 의사라 불리고 인정받기를 원하는 다른 의대생들과 달리 패치는 비싼 의료보험료나 관료적인 절차 때문에, 혹은 치료자들의 무신경함 때문에 치료의 손길에서 멀어져 절망하는 사람들을 위해 무료 진료소를 개업하기에 이른다.

우리는 이 영화를 보면서 패치의 행보와 삶의 태도에 감동을 받기도 하지만 한편으로는 조직의 한계와 규칙을 무시하고 모든 사람이 지키도록 만들어진 기준에서 자꾸만 이탈하는 그의 행동이 조금은 위태롭게 느껴지기도 한다. 의료인들이 환자에게 혹시라도 어떤 해를 끼치지 않으려면, 전문가의 입장에서만 환자를 대해야 하며 이론적 배경이 없이는 환자를 직접 만나서는 안 된다.

의대생인 패치 역시 의료 윤리에 따르면 3학년이 될 때까지는 환자를 치료해서는 안 되었다. 그러나 열정이 앞선 그는 이를 무시해버리고 만다. 이에 선배 의사와 병원장은 "규칙에는 다 이유가 있다"며 패치를 걱정한다. 조직에 속하는 개인이 조직의 규칙을 무시했을 때 어떤 일이 발생하는가를 잘 알고 있었기 때문이다.

이들은 패치에게 수차례 경고를 하지만 패치는 듣지 않는다. 결국 그 경고는 현실이 되고 만다. 패치와 함께 무료 진료소를 운영하던 동료 카렌이 그곳에서 치료를 받던 정신병자의 손에 살해된 것이다. 병원장의 말처럼, 어떤 조직 내에 규칙이 존재하는 것은 미연의 위험을 방지한다는 의도가 있음을 패치는 미처 깨닫지 못했던 것이다.

현실과 이상 사이의 갈등

우리는 시시각각 변화하는 사회 속에서 너무도 많은 규칙들이 애초의 목표에서 벗어난 기능을 하거나, 도리어 조직의 목표를 방해하는 모습을 자주 목격한다. 특히나 돌봄의 영역에 종사하는 사람들은 그런 규칙의 구속에서 벗어나 더 나은 혜택을 제공하고자 하는 일탈 욕구를 느낄 때가 많다. 하지만 모든 사람의 욕구와 이상이 인수분해처럼 완벽하게 하나로 맞아떨어질 수는 없기에 조직은 규칙을 필요로 한다. 패치의 이상은 완벽하지 않은 조직의 문제점을 보완하고 새로운 이상을 설정했으며 가능성을 실현했다. 그러나 열정과 이상만으로는 현실의 벽을 뛰어넘기가 힘들다. 개인의 규칙과 조직의 규칙을 조율하려는 노력을 게을리하면서 변화를 꿈꾸고 이상을 품는다면, 변화가 아닌 후퇴를 불러오는 결과를 맞을 수도 있다.

학생들이 경험하는 삶의 모순에 분노하고, 환자들이 받는 부당한 대우에 회의감을 느끼고, 내담자가 겪어야 하는 불행한 삶의 현실에 동요하는 사람이 있다면 그들은 패치처럼 인간적인 치료자가 될 수 있을 것이다. 하지만 동시에 사람은 언제나 현실과 이상, 개인과 조직, 치료자와 연구자, 규칙과 변칙, 이성과 감성이라는 대극점 사이에서 균형을 잃지 말아야 한다. 카렌의 죽음은 바로 이 사실을 시사한다.

변화를 향한 꿈틀거리는 욕망

패치는 정신병동에 입원한 환자로서 그리 긍정적이지 못한 돌봄을 경험했고, 이후 의과대학에서 이런저런 시행착오를 통해 의사로 성장하는 과정을 거쳤다. 그는 이 모든 경험을 자신의 것으로 통합할 수 있는 성숙한 인격과 열정을 갖추었기에 분명 훌륭한 치료자가 되었을 것이다. 우리가 힘든 세상을 살면서 적어도 한 번쯤은 만나고픈, 그래서 내 이야기를 진심으로 나누고픈 그런 치료자 말이다.

타인을 도우며 더 나은 변화를 일구고 싶다는 욕망에 가슴 설레는 이 세상의 모든 패치들에게 이 영화를 추천하고 싶다. 영화 〈패치 아담스〉는 그런 이들에게 큰 영감을 줄 뿐 아니라, 그 욕망이 현실이라는 밑바탕 위에 굳건하게 뿌리내리기 위해서 필요한 것이 무엇인지도 분명히 말하고 있다.

심리치료가 정말 도움이 될까?

사회가 점점 복잡해지고 변화의 속도가 빨라지면서 개인이 경험하는 심
리적 적응이나 스트레스 문제를 해결하기 위해 상담과 심리치료의 도움
을 받고자 하는 사람들이 점점 늘어나고 있다. 이와 더불어 상담을 통해
진정한 자신을 만나고 마음의 건강을 찾는 일이 얼마나 중요한가에 대한
인식도 과거보다 높아졌다. 일반적으로 사람들이 상담 및 심리치료에 품
는 의문점을 정리하자면 다음과 같을 것이다.

1 심리치료를 받으면 정말 상황이 좋아질까?
2 심리치료 이론에도 여러 가지가 있을 텐데 어떤 것이 가장 효과적일까?
3 어디에 가면 상담을 받을 수 있을까?

첫 번째와 두 번째 질문은 일반인들은 물론 심리학자와 심리치료사들 역
시 궁금해했던 질문이다. 한때는 심리치료사들이 각자 지향하는 심리치
료 이론에 따라 의견이 서로 첨예하게 갈리기도 했다. 이런 의문을 해결
하기 위해 콜로라도대학의 메리 리 스미스Mary Lee Smith와 진 글래스Gene

Glass는 당시 유행하던 치료법들에 관한 연구를 모아 메타분석을 시도했다. 메타분석이란 개별적인 연구 결과를 통합하여 큰 틀에서 통계 분석을 하는 것을 의미한다. 연구진은 500개에 달하는 연구 결과를 종합한 뒤 그중 375개를 완전 분석하여 총 2만 5000여 명의 피험자들을 대상으로 하는 심리치료 효과를 연구했다. 분석은 '자존감 향상, 불안 감소, 학업 향상, 일반적 적응 향상'의 측면에서 이루어졌다.

그 결과 크게 두 가지 사실을 발견할 수 있었다. 하나는 치료를 받는 것이 치료를 받지 않는 것에 비해 실질적으로 효과가 있다는 사실이었고, 다른 하나는 흥미롭게도 각 치료 방법들이 효과 면에서 큰 차이가 나타나지 않았다는 것이다. 결국 한 가지 사안을 다룰 때 다른 치료법보다 더 효과적인 치료 방법은 존재할지 몰라도(예를 들어 많은 치료자들이 공포를 감소시키는 데는 '체계적 둔감법'이 효과적이라고 생각한다), 일반적으로 어느 한 가지 치료법이 다른 것보다 낫다고 할 수는 없다는 이야기다.

게다가 대부분의 치료자들은 자신이 선호하는 한 가지 치료 방법만 고수하는 것이 아니라 다양한 치료법을 절충하곤 한다. 따라서 '과연 이런다고 내 문제가 해결될까?' '어떤 치료법을 지향하는 치료자를 만나야 할까?' 하는 생각으로 혼란스러워할 필요는 없다. 그저 자신이 편하게 마음을 터놓을 수 있는 치료자를 만나 도움을 받으면 된다.

마지막으로 '어디로 가면 상담을 받을 수 있을까?' 하는 질문에 답하자면, 상황에 따라 다르다고 할 수 있다. 유아나 아동이라면 '발달심리학'에 기반을 둔 센터가 도움이 될 것이고 청소년의 경우 '한국청소년상담원'이 대표적이다. 대학생이라면 개인 상담과 심리검사 서비스를 제공하는

교내의 학생상담센터를 찾으면 좋을 것이다. 직장인이라면 직장 내 상담
센터나 사설 상담소를 이용할 수 있다. 사설 상담소의 경우에는 해당 상
담자가 한국 상담심리학회에서 발급하는 상담 관련 자격증이나 한국산
업인력공단에서 발급하는 임상심리사 자격증을 갖추고 있는지 확인하는
것이 좋다.

일상의 위기를
그리다

괴물
The Host

〈괴물〉이 한강에
던져준 이야기

지하철을 타고 가다가 한강이 내려다보일 때면 나는 입가에 묘한 웃음을 띠게 된다. 저 넓고 깊은 강물 위로 언뜻 괴물의 꼬리가 보이는 듯해서다. 이건 필시 영화 〈괴물〉이 내 삶에 던져준 선물일 것이다. 유통기한이 꽤나 긴 선물인 셈이다.

이야기의 힘은 강력하다. 많은 할리우드 영화가 뉴욕을 배경으로 삼아 이 도시를 향한 막연한 환상을 안겨주었다면, 〈괴물〉은 우리의 일상과 맞닿아 있는 한강을 무대로 이야기를 펼치며 그 심연에 흐르는 불안을 괴물체의 모습으로 형상화한다. 우리가 늘 보는 평온한 한강이 어쩌면 거대한 불안을 삼키고 있을지도 모른다는 메시지를 전하는 것이다. 이렇게 평온함의 환상은 불안함의 환상으로 뒤바뀐다. 영화는 이 불안 덩어리가 흉측하고 무자비한 괴물의 모습으로 실체를 드러낼 때 우리의 일상이 어떻게 파괴되고 또 복원되는가를 보여준다.

그가 직면한
심리적 위기

영화 속 '강두(송강호 분)'는 비교적 평탄한 삶을 살고 있다. 가난하기는 하지만 까칠한 겉모습과 달리 인간적인 애정이 넘치는 늙은 아버지(변희봉 분)와 양궁 선수인 여동생(배두나 분), 사랑스러운 딸(고아성 분)과 소박한

삶을 꾸려간다. 한강변에서 매점을 운영하며 아이들을 키우고 생계를
유지하던 그에게 어느 날 청천벽력과 같은 시련이 닥친다. 바로 괴물
의 출현이다. 괴물이 딸을 납치하면서 강두는 괴물의 출현이라는 사건
에 가장 직접적으로 연결된다.

이것은 국가의 공공정책으로도, 보험회사의 약속으로도 어찌해볼
수 없는 기묘한 위기다. 살다보면 자연재해나 질병, 교통사고, 화재, 상
해, 이혼 등의 사건이 우리를 위기로 몰아넣을 수 있지만 이는 어느 정
도 예상이 가능한 일이다. 그에 비해 '괴물의 출현'은 어느 누구도 예상
하지도, 경험하지도 못한 일이기에 위기 중의 위기라 할 수 있다.

영화는 그렇게 위기의 한복판에 몰린 한 가장이 벌이는 사투를 그리
고 있다. 이 과정은 막연한 불안이 현실화되어 평온했던 일상을 뒤흔
들 때 우리가 어떤 방식으로 대처해야 하는가에 대한 은유와 같다. 말
하자면 괴물의 출현은 우리의 심리적 위기와도 마찬가지인 셈이다.

위기가 우리 앞에
몸체를 드러낼 때

▌심리치료는 삶에서 겪게 되는 심리적 위기를 혼자서 극복하기 어려
울 때 도움이 되는 하나의 방책이다. 이때 중요한 두 가지 개념을 꼽자
면 '공감empathy'과 '직면confrontation'을 들 수 있다. 공감이 위기에 처한
누군가를 지지하고 용기를 주는 과정이라 한다면, 직면은 위기를 뚫고

나갈 용기가 없어 자꾸만 회피하려는 누군가를 적나라한 현실 앞으로 향하게 하는 과정이다. 자신의 심리적 위기를 용기를 가지고 직면할 수 있도록 도와주는 것이다.

영화 〈괴물〉에 드러난 사람들의 모습은 직면하지 못하는 우리의 심리를 가시화한다. 괴물의 출현에도 우왕좌왕하기만 하는 사람들, 다른 일을 하며 위기를 외면하는 사람들은 모두 우리 안의 회피하는 마음을 대변한다. 마치 적이 나타날 때 모래 속에 머리를 묻는 타조의 모습과도 같다. 모래에 머리를 파묻고 적이 사라졌다고 착각하다가 큰 봉변을 당하는 타조처럼 우리는 때로 어처구니없을 만큼 미숙한 방식으로 심리적 위기에 대처한다.

영화 속에서는 시민들을 보호해주겠다고 약속했던 공권력마저 제대로 힘을 쓰지 못한다. 하지만 아무리 해결하기 어렵다 할지라도 위기는 정면 돌파하지 않으면 결코 사라지지 않으며, 결국 더 큰 파괴를 불러온다. 때로 우리는 위기의 조짐을 발견하고서도 이를 대수롭지 않게 여기고 그대로 방치한다. 그러다보니 미꾸라지처럼 작았던 위기는 어느 순간 걷잡을 수 없이 어마어마하게 크고 흉측해지는 것이다.

우리의 심리적 문제 역시 그러하다. 작았을 때 직면해서 해결했다면 더 쉬웠을 것을 손쓸 수 없게 될 때까지 키우곤 한다. 예를 들어 사소한 걱정과 스트레스를 돌아보지 않고 쌓아두기만 하면 결국 더 큰 정신질환으로 발전하고 만다. 그렇다면 이러한 심리적 위기 속에서 우리

는 어떻게 대처해야 할까?

사랑하는 딸을 잃고 난 후 괴물을 처단하기 위해 고군분투하는 강두의 모습은 우리의 일상을 혼동 속에 몰아넣는 위기를 어떻게 물리쳐야 하는가를 보여준다. 그는 빛나는 갑옷 대신 후줄근한 운동복을 입고 날카로운 창칼 대신 우연히 집어든 쇠파이프를 어설프게 휘두른다. 환호와 기대가 아닌 무시와 오해를 받으며 처절하게 달려든다. '백'도 없고 돈도 없고 도와줄 사람도 없지만 그는 딸을 구하겠다는 집념 하나로 괴물에게 덤빈다. 그리고 결국 그 무시무시한 전투에서 승리한다. 골리앗을 상대로 한 다윗의 승리인 셈이다. 강두가 정면으로 맞선 덕분에 위기에서 놓여난 사람들은 평온한 일상으로 돌아온다.

영화는 위기를 극복하고 난 뒤 새롭게 복구된 일상과 더 단단해진 휴머니즘을 그리며 끝이 난다. 수많은 사람들이 괴물에 목숨을 빼앗겼고 강두 역시 딸을 잃었지만, 그는 여전히 위기가 일어나기 전의 바로 그 장소에서 살며 일상의 잔잔한 행복을 누린다. 언제 또 위기가 찾아올지 불안하지만 일단 피하지 않고 정면 돌파한 이상 크게 겁날 것은 없다. 심리적 위기를 직면해서 이겨낸 후 우리의 마음 역시 그러하다.

우리의 일상에
괴물이 출몰한다면?

현대사회로 오면서 우리는 점점 더 많은 괴물에 노출되고 있다. 예전보다 불확실성이 커진 탓도 있지만, 이를 너무도 낱낱이 전달해주는 대중매체의 영향력도 무시할 수 없다. 괴물의 출현이 실시간으로 보도되는 사회에 살고 있는 셈이다.

　우리는 우리 안의 심리적 위기를 회피할 것인가 직면할 것인가를 놓고 시시각각 싸운다. 영화 속에서 괴물의 모습으로 형상화된 불안과 두려움은 용기 내어 돌파하지 않으면 결코 해결할 수가 없다. 시간이 흘러 괴물이 통제 불가능한 상태에 이르기 전에 우리는 무엇을 해야 하는가? 또한 실제로 괴물이 찾아왔을 때 속수무책으로 당하지 않으려면 어떻게 해야 하는가? 영화 〈괴물〉 속에 그 답이 있다.

위기
Crisis

살면서 흔히 겪게 되는 심리적 위기는 어떤 것이 있을까?

영화 속 강두는 괴물이라는 구체적인 실물을 마주하지만 우리가 일상에서 느끼는 위기는 그보다 더 심리적인 모습을 띤다. 심리학자 에릭슨Erik H. Erikson은 우리가 태어나서 나이를 먹어감에 따라 각 시기마다 경험하게 되는 심리적 위기와 이를 극복해나가는 개인의 능력에 관심이 많았다. 에릭슨은 우리가 심리적 위기로 대변되는 삶의 과업을 긍정적이고 적극적으로 해결할 수 있어야 인성이 제대로 발달하고, 또 이렇게 발달한 인성을 기반으로 다음에 찾아오는 위기를 더 잘 극복할 수 있다고 보았다. 더불어 개인에게 갈등을 제시하고 이를 해결하는 데 영향을 미치는 사회 환경의 중요성을 강조했다. 그가 제시한 각 시기별 위기와 특성은 다음과 같다.

1 **신뢰감 대 불신감**(출생~18개월) 이 시기에 우리는 어머니와 사회적 관계를 맺게 되며, 어머니의 일관적이고 애정이 담긴 양육을 통해 타인과 세상에 대한 '기본적 신뢰감'을 형성하는 것이 필요하다. 이 시기에 문제가 있을 때는 삶 전반에 불신감을 갖게 된다.

2 **자율성 대 수치심**(18개월~3세) 아이들은 이 시기에 접어들어 자율적 행동을 하고자 하는데 이를 허용하고 존중하는 환경 속에서 '자율성'을 획득할 수 있다. 이 시기에 과잉보호를 받거나 지나친 제한을 가하는 엄격한 환경 속에 있게 되면 자신의 능력에 회의를 품고 수치심을 키우게 된다.

3 **주도성 대 죄책감**(4~5세) 이 시기에는 더 넓은 세상에 호기심과 관심을 가지고서 자신이 속한 환경 속에서 자신의 능력을 활발히 탐색해나간다. 그럼으로써 '주도성'을 획득하게 되는데 어떤 이유에서든 이를 획득하지 못할 때는 자신의 자연스러운 충동에 죄책감을 느끼게 된다.

4 **근면성 대 열등감**(6~12세) 일반적으로 학교에 들어가는 시기다. 가족에서 벗어나 더 넓은 사회에서 통용되는 유용한 것을 익히고 '근면성'을 획득하게 된다. 이 시기에 근면성이 순조롭게 발달하지 못하고 실수와 실패를 거듭하면 열등감을 갖게 된다.

5 **자아정체감 대 역할 혼란**(12~18세) 급격한 신체 변화와 함께 사회적 압력, 요구에 부딪혀 큰 혼란을 경험하게 되는 시기다. 이 시기에 긍정적인 '자아정체감'을 확립하면 이후 단계의 심리적 위기를 무난히 극복할 수 있으나 그렇지 못하면 방황이 계속되고 부정적인 정체감을 형성한다.

6 **친밀감 대 고립감**(19~24세) 이 시기에 우리는 연애를 하거나 배우자를 선택하기도 하며 자기중심성에서 벗어나 타인과의 관계 속에서 자신을

발견하게 된다. 그래서 이 시기에는 '친밀감' 획득이 주요 과제가 되며 이를 획득하지 못할 때 고립감을 느끼게 된다.

7 **생산성 대 침체성**(25~54세) 이 시기에는 직업적으로 성취해나가고 자신이 쌓은 학문적, 예술적 결과물을 통해서 '생산성'을 발휘하게 된다. 이를 제대로 발휘하지 못하면 침체성이 형성된다.

8 **통합성 대 절망감**(55세 이후 노년기) 많은 사람들이 이 시기에 신체적으로 약해지며, 은퇴나 주변 사람들의 죽음으로 인해 삶에 무력감을 느끼기도 한다. 한편으로는 이 시기에 자신의 삶을 정리하고 가치 있게 정리하는 '통합성'을 통해 긍정적인 삶의 완결을 향해 나아갈 수 있다. 이를 잘 수행하지 못할 때는 절망감에 빠지게 된다.

이처럼 에릭슨은 우리가 전 생애를 통해 각 시기마다 직면하게 되는 심리적 위기를 잘 극복해나감으로써 건강한 사람으로 행복하게 살 수 있다고 보았다. 지금 자신이 삶의 어떤 시기를 거치고 있는가를 살펴보고 이 시기에 마주치는 위기를 슬기롭게 극복해나가고 있는가 생각해보자. 에릭슨은 위기가 불러오는 심리적 전환점을 중시했다. 어쩌면 위기라고 생각되는 순간이 더 나은 단계로 발전해나가기 위한 기회의 순간일지도 모른다는 것이다.

Chapter 2

내면과 변화

우연히 던져진
삶의 주인공이 되어

이상한 나라의 앨리스
Alice In Wonderland

우리는 모두 세상에
던져진 존재

실존주의자들은 우리를 이 세상에 던져진 존재로 본다. 어려운 말로는 이를 '피투성'라 한다. 우리 모두 얼떨결에 던져진 채 살아간다는 것이다. 그럼에도 우리는 삶이 제시하는 이런저런 문제들을 스스로 해결해나가야만 한다. 이를 '기투성'이라 한다. 굳이 '피투성'이나 '기투성' 같은 말을 쓰지 않아도 우리는 이 세상에 던져졌으며 스스로를 미래에 던지면서 살아야 한다는 것을 잘 안다. 문제는 '우리 자신과 세상에 어떤 의미를 부여하며 살 것인가'라 할 수 있다.

그런 의미에서 영화 〈이상한 나라의 앨리스Alice In Wonderland〉는 우리 마음에서 일어나는 무한한 상상력과 정체성에 대한 고찰을 펼쳐 보인다. 현실적이고 가시적이며 가능성 있는 것만을 추구하는 세속적인 사람들 틈바구니에서 앨리스(미아 바쉬이코브스카 분)는 지극히 비현실적인 모험 속에 던져진다. 그 여정을 좇으며 우리는 앨리스와 같은 딜레마에 빠진다.

나는 누구일까. 이것은 과연 꿈일까 현실일까.

앨리스의 악몽,
깊고 깊은 꿈의 세계

영화 첫 장면에서 앨리스는 악몽을 꾼다. 아버지와 그 친구들이 가능과 불가능을 논하는 시간, 밤새 악몽에 시달린 앨리스는 다크서클이 드리워진 초췌한 모습으로 등장한다. 앨리스의 아버지는 다른 사람들이 모두 마음의 한계에 막혀 현실 너머의 가능성을 보지 않으려 할 때 불가능도 가능하다고 믿으면 정말 가능해진다고 말하는 사람이다.

그런 아버지의 딸로 자랐으니 앨리스가 넓고도 깊은 상상을 즐기는 것도 당연한 일이다. 보통의 아이들이 산타의 존재를 의심하기 시작할 나이에 앨리스는 더 깊고 풍부한 방식으로 광활한 상상의 세계에 빠져든다. 그리고 자신의 꿈에 반복적으로 나타나는 풍부한 상상의 세계에 압도당해 휘청거린다. 보통의 부모라면 망상은 그만두라고 야단칠 법한 일이다. 애초에 실현 가능한 일을 꿈꾸고 타인의 기대에 맞춰 현실에 안착하기를 바랄 테니 말이다. 세상 사람들은 그것을 흔히 '성숙'이라 말한다. 하지만 앨리스의 아버지는 설령 그 깊은 상상력이 정상적인 것이 아닐지라도 그 자체로 위대하다며 딸을 안심시킨다.

"그래, 너는 미쳤을지도 몰라. 하지만 그거 아니? 모든 위대한 사람들은 다 그래."

그 말 한마디로 어린 앨리스는 불가능의 영역까지 두려워하지 않으며 마음껏 꿈꿀 수 있게 된다. 그러나 한편으로는 그 깊고 깊은 상상의 가능성 때문에 혼란에 빠지기도 한다. 앨리스의 혼란은 현실과 쉽게 타협하지 않고 안정보다는 도전에 이끌리는 세상의 모든 상상하는 자들이 감내해야 할 혼란을 대변한다.

현실적 선택 앞에서
시작된 상상의 세계

▎영화는 원작과 달리 성인이 되는 길목에 있는 앨리스의 현재로 우리를 데려간다. 그녀의 나이 열아홉. 자신만의 세계를 구축하고 싶지만 아직도 현실적인 제약이 많은 나이다. 앨리스는 이제 꿈만 꿀 수는 없다. 현실에 책임을 지는 어른이 되어야 하기 때문이다. 그래서 그녀는 혼란스럽다.

그때까지도 그녀는 매일 같은 꿈을 꾸었던 것이다. 이제 그녀는 곧 스무 살이 될 것이고 모두의 부러움 속에 결혼 승낙을 앞두고 있다. 불가능을 꿈꾸며 앞으로 나아가라던 아버지는 이미 돌아가셨고 이제 그녀에게는 코르셋과 스타킹을 신지 않았다고 잔소리하는 고모밖에 없다. 그리고 모두가 지켜보는 가운데 거만한 표정의 심약한 귀족 청년이 그녀에게 청혼을 했다.

그녀의 선택은? 현실에 안착해야 하는 그 순간, 앨리스의 눈앞에는 그녀에게만 보이는 토끼가 자꾸만 아른거린다. 결국 앨리스는 청혼에 대해 어떤 확고한 대답도 하지 않은 채 그 토끼를 쫓아간다. 그러다가 결국 토끼 굴에 빠져 깊고도 깊은 세계로 떨어진다. 그녀의 상상력만큼이나 깊은 그곳, 바로 이상한(사실은 놀라운) 나라로 말이다.

그녀의 상상력으로 만들어졌지만 스스로도 쉽게 통제할 수 없을 정도로 강력해진 마음의 소용돌이에 빠져든 것이다. 이제 앨리스는 볼을

꼬집어도 현실로 튕겨져 나오지 못할 정도로 깊고 넓은 상상의 세계에
빠져버렸다.

현실로 나아가기 위한
정체성의 여정

주위를 둘러보니 기존에 습득했던 정보와 체계로는 결코 소화해낼
수 없는 광경들이 정신없이 몰아친다. 웃는 고양이와 파란 애벌레가
있고, 동물들이 말을 하며, 큰 머리의 붉은 여왕이 폭정을 일삼는 이상
한 나라에 던져진 것이다. 꿈이 현실이 되어버린 그곳에서 앨리스는
끝없이 고민한다. 이것은 과연 꿈일까, 현실일까?

이제 막 스무 살이 된 그녀는 쉽게 결론을 내리지 못한다. 아직 현실
을 제대로 직면할만한 정체성이 확립되지 않았기 때문이다. 토끼 굴에
빠진 앨리스는 어른이 되는 길목에서 '나는 누구이며 어디에서 왔는
가?'를 질문하는 우리의 모습을 담고 있다. 정체성에 대한 고민이 극
에 달하는 시기에 우리의 감정 기복은 심해진다. 어떤 날에는 자신이
한없이 작아 보였다가 또 어떤 날에는 한없이 커 보인다. 시약을 마시
면 작아졌다가 빵을 먹으면 커지는 앨리스처럼 우리는 자신의 진짜 모
습이 무엇인지 혼란을 느낀다. 주변에는 온통 나에게 '이래라저래라,
너는 이렇다 저렇다'를 얘기하는 사람들뿐이다.

앨리스 주변에는 어느덧 이상한 나라의 인물들이 몰려들어, 그녀가

Alice In Wonderland

바로 그들이 찾던 바로 앨리스인지 아닌지 논쟁을 벌인다. 그 앨리스만이 그들이 원하는 것을 해줄 수 있다는 것이다. 누군가가 정해주지 않아도, 스스로 그 사실을 증명해 보이지 않아도 그녀는 진짜 앨리스인데 말이다. 현실 속의 우리 또한 마찬가지다. 우리 인생의 주인공은 우리건만, 그 사실을 스스로 깨닫기 전까지 타인의 논쟁과 스스로의 의혹을 수없이 뚫고 지나야만 한다.

낯선 세계에서 의혹과 혼란에 빠졌던 앨리스는 얼마 지나지 않아 자기 인생의 주체적인 선택을 내리는 진짜 주인공이 되겠다고 결심한다.

"이제부터 내가 원하는 것은 내가 알아서 하겠어."

인생 최초의 '주인공 선언'인 셈이다. 이전까지 혼란스럽고 지리멸렬했던 영화는 바로 이 순간부터 새로운 색조를 띠기 시작한다. 아무런 설명과 의도 없이 그저 이 세상에 던져진 것 같던 우리가 삶 속에서 의미를 발견하고 주체적인 선택을 내리기 시작할 때 인생이 활기를 띠게 되는 것이다.

이런 앨리스의 모습은 미궁에 빠진 것만 같은 시기, 혼란스럽고 조급해서 어떤 결정도 내리기 어려운 시기, 미숙함과 불안 때문에 문제를 실제보다 훨씬 더 크고 어렵게 느끼는 시기의 우리들 내면세계를 잘 보여준다. 앨리스의 아버지가 말했던 것처럼 세상의 모든 위인들은 자기 안에 깊은 내면세계를 구축하고 있다. 이들은 자신이 만든 상상의 늪에 더 쉽게 빠져들며 그래서 무언가에 미친 사람으로 보이기도 한다. 이렇게 자신의 내면세계에 집중하는 사람들은 타인이 제시하는 제약과 기준, 기대를 바라보지 않기에 방황의 시기를 더 길게 거칠 수도 있다. 그래서 내면적인 힘이 약한 사람들은 혼란과 동요를 피하기 위해 '참 자기'가 아닌 '거짓 자기'의 모습으로 살아가기 쉽다. 타인이 주인공인 삶을 사는 것이다.

그러나 우리를 혼란에 빠뜨리는 내면세계는, 우리가 문제를 피하거나 겁내지 않고 담대하게 맞설 때 우리를 구원하고 우리를 다른 사람보다 더 위대하게 만든다. 내면세계의 문제를 해결하고 현실로 돌아온 앨리스가 청혼을 거절하고, 하고 싶은 말을 꺼내어 말하고, 하고 싶은 일을 하기 시작하는 것처럼 말이다. 내면의 문제를 모두 해결하고 자기정체성과 삶에 대한 주체성을 확립하자 앨리스는 진정 위대해진다.

위대한 미친 사람이 되기 위해

우리가 가진 상상력은 양날의 칼이다. 때로 상상력은 우리를 위험에 빠뜨리지만 또 상상력은 우리가 무한히 앞으로 뻗어갈 수 있게 만들기도 한다. 지금도 이 세상에는 영화 초반의 앨리스와 같이, 자신을 혼란과 미궁으로 빠뜨리는 내면세계와 쉽게 만족할 수 없는 현실 세계 사이에서 갈등하는 사람들이 많다.

영화 〈이상한 나라의 앨리스〉는 그럼에도 계속 꿈꾸고 창조하고 시행착오 겪는 것을 멈추지 말라고 우리를 격려한다. 지금 당장은 모두가 내게 불가능하다고 말하고, 내 인생의 주인공이 내가 아닌 것처럼 여겨지더라도 계속 꿈을 꾸다보면 결국 그 꿈을 달성하게 될 것이다. 결국 내가 움직이지 않으면 이루어지는 것은 아무것도 없기 때문이다. 꿈속이든 현실이든, 그것은 마찬가지다. 그러니 계속 꿈을 꾸라. 그리하여 위대한 미친 사람이 되라.

나는 누구? 여긴 어디? 정체감의 확립 단계

영화 속 앨리스는 주어진 고난과 과제를 극복하는 과정에서 자기만의 '정체성'를 확립해나간다. 심리학자 마샤Marcia J.E는 우리가 정체성을 확립해나가는 과정과 정체성 형성 수준을 가늠하기 위해 '정체감 지위 identity status'라는 개념을 만들었다. 그는 '정체성 위기를 경험했는가?'와 '과업에 전념하고 있는가?'라는 두 개의 질문에 대한 답을 중심으로 정체성의 종류와 지위를 확인할 수 있다고 보았다.

자아정체감은 내가 누구이며 어디를 지향하며 살고 있는가를 보여주는 삶의 이정표다. 따라서 청소년기가 아니더라도 자신의 상황에 맞춰 정체감 지위를 살펴보는 것은 누구에게나 필요하다. 마샤가 정리한 정체감 지위에 맞춰 자신의 정체성을 살펴보자.

1 **정체감 혼미** 위기를 경험해본 적도 없고 뚜렷한 과업에도 전념하고 있지 않은 경우다. 삶의 뚜렷한 방향을 계획하지 않았고 계획해야 할 필요성도 느끼지 못하는 단계로, 자신이 왜 어떤 일을 해야 하는지는 물론 다른 사람이 왜 어떤 일을 해야 하는지도 관심이 별로 없다.

2 **정체감 유실** 어떤 과업에 전념하고 있기는 하지만 위기를 경험해본 적이 없기에 스스로 삶을 구성하는 과정이 결여된 경우를 말한다. 자신이 하고 있는 일에 의문을 제기해보거나 주체적으로 정체성을 형성할 기회를 아직 얻지 못했거나 잃어버렸다.

3 **정체감 유예** 정체감의 위기나 변화를 경험하고 있기는 하지만 뚜렷한 목표가 없는 경우를 말한다. 정체감 확립을 위해 적극적으로 노력하지만 목표와 결과가 없기에 괴롭다.

4 **정체감 성취** 정체감 위기를 경험한 후 뚜렷한 목표의식을 가지고 과제에 전념하는 경우를 말한다. 이를 통해 타인의 의견과 관점을 존중하면서도 주체적으로 선택하고 행동할 수 있는 확실하고 변함없는 자아가 형성되었기에 자신감이 넘친다.

마샤의 이론에 비추어 영화 속 앨리스의 모습을 살펴보면, 처음 앨리스는 자신의 삶을 어떤 방식으로 이끌어나가야 할지 알지 못했고 그래야 할 필요성도 느끼지 못하는 '정체감 혼미'의 시기를 거쳤다. 그러다가 청혼을 받아 선택의 순간에 직면하고 토끼 굴에 빠져 위기의식을 느끼면서 어떻게 해야 할지 모르는 '정체감 유예'의 시기를 지나게 된다. 그리고 주변의 기대와 타인의 기준에 맞추어야 할 것 같은 압박을 느끼는 '정체감 상실'의 시기를 거치기도 한다. 그러나 결국 그녀는 누군가가 시키는 대로 하거나, 어떠한 위기의식 없이 살기보다는 자신이 원하는 방향으로 삶을 개척해나가기 위해 스스로 선택하고 책임지는 '정체감 성취'의 단계에 이른다.

우리 역시 앨리스처럼 삶 속에서 다양한 과제를 접하고 선택의 순간에 직면하게 된다. 삶이 우리에게 던지는 수많은 과제를 해결해나가기 위해 무엇보다 중요한 것은 바로 정체성 확립이다. 내가 누구이며 어디로 향하고 있는가를 주체적으로 선택할 수 있어야 인생이 풍요롭고 살아볼만한 것이 된다. 현재 정체감 혼미의 시기를 지나고 있다면 정체감 성취를 위해 필요한 것이 무엇인지 진지하게 고민해보아야 하지 않을까.

미녀는 진정
괴로울까?

미녀는 괴로워
200 Pounds Beauty

미치도록
나를 바꾸고 싶을 때

일상이 지지부진하고 뭔가 잘 안 풀린다고 느낄 때, 우리는 모두 꿈꾼다. 색다르고 획기적인 변신과 변화를. 그러나 이러한 변화는 쉽지 않다. 왜냐하면 모든 변화에는 창조적인 파괴의 과정이 필요하기 때문이다. 기존에 가지고 있던 것을 허물어뜨리고 그 자리에 새로운 것을 세우기 위해서는 노력과 의지, 시간, 에너지가 필요하고 사람들의 지지도 필요하다. 그리고 많은 경우에는 돈도 있어야 한다.

획기적인 변신과 변화를 향한 현대인의 욕망은 비즈니스 상품으로 이용되기도 한다. 이런저런 광고와 매체 속에 등장하는 이들은 우리에게 속삭인다. 특정 상품이나 서비스를 통해 어렵지 않게 변신할 수 있다고. 그리고 변화는 더 멋진 삶을 가져다줄 것이라고.

변화를 열망하지만 방법을 모르는 우리들은 여기에 귀가 솔깃해진다. 특히 신체와 외양을 획기적으로 변신시켜주겠다는 달콤한 약속은 우리를 성형외과로, 화장품 가게로, 헬스클럽으로, 미용실로 이끈다. 여기에 각종 카메라 기술과 포토샵, 미니홈피 아바타는 우리의 욕망을 부채질한다.

이렇게 각종 기술과 제품 덕분에 우리는 변화의 가능성이 한층 커진 사회에 살고 있다. 하지만 모순적이게도 현대사회에서 변화의 욕망은 충족되기보다 점점 더 커져만 간다. 첨단 기술의 도움으로 아무리 변

화를 꾀해도 어딘지 계속 부족한 것 같고 감질이 나는듯하다. 이유가
무엇일까?

그것은 우리의 자아를 이루는 가장 표피적이고 피상적인 신체적 자
아만 변했을 뿐, 본질적인 자아가 함께 변하지는 않았기 때문일 것이
다. 때로는 신체가 변해도 신체적인 자아는 그대로인 경우도 있다. 때
문에 성공적인 다이어트나 성형수술을 한 후에도 아름다움에 대한
갈망은 사라지지 않는다. 심한 경우, 자아상이 오히려 더 나빠지기도
한다.

실제로 내가 아는 어느 선배는 수차례의 성형수술과 혹독한 다이어
트로 몰라보게 예뻐졌지만 아직도 자신이 뚱뚱한 것 같다고 말했다.
날씬하고 예뻐진 현재, 사람들의 달라진 표정을 보면 뚱뚱했을 때 받
았던 상처가 되살아나 더 고통스럽다는 것이다. 다시 뚱뚱해질지도 모
른다는 공포감에 마음 놓고 먹지 못하고, 거리낌 없이 늘어지지 못하
고, 불안감에 밀려 어쩔 수 없이 러닝머신 위에 오르게 된다고, 그 공
포는 말할 수 없이 크고 끈질기다고 선배는 말했다.

우리 주변에 넘쳐나는 상업적 메시지가 강조하는 것과는 달리, 단지
신체만 획기적으로 변하는 것으로는 우리 자체를 완전히 변화시킬 수
없다. 이런 맥락에서 영화 〈미녀는 괴로워〉는 우리 모두가 품고 있는
아름다움에 대한 끈덕진 욕망과, 아름다움에 속하지 못할 때 느끼는
공포를 보여준다.

미녀는 즐거워,
추녀는 괴로워?

영화 〈미녀는 괴로워〉는 뚱뚱하고 못생겼던 한나(김아중 분)가 성형수술의 도움으로 늘씬하고 예쁜 제니로 변신한다는 내용을 기본 줄거리로 한다. 외모가 빼어난 사람은 성격이나 능력도 호의적으로 평가하는 우리의 고정관념을 '후광효과halo effect'라 하는데, 영화 속 인물들이 제니로 변신한 한나(혹은 한나이자 제니)를 보는 시선 또한 이전의 한나를 대할 때와는 판이하게 달라진다.

사람들은 제니가 잘못을 해도 감싸주고, 애정을 쏟고 존중해준다. 그녀의 외모는 재능을 돋보이게 하며, 사랑한다는 말도 듣게 해준다. 제니가 된 그녀는 한나였을 때 겪은 온갖 수모와 설움을 더는 겪을 필요가 없다. 단지 자아의 일부인 '신체적 자아'가 바뀌었을 뿐인데 말이다. 한 사람의 자아를 구성하는 것은 신체가 다가 아니다. 한 사람의 자아를 제대로 알려면 외양뿐 아니라 성격, 사회성, 도덕성, 가족, 능력 등 다양한 측면을 볼 필요가 있다. 그러나 영화 속 현실, 현실 속 영화는 이 사실을 애써 무시한다.

대중매체와 광고의 해악은 마치 신데렐라의 요술봉처럼 신체적 변화가 우리의 자아를 아무 부작용 없이 통째로 바꿀 수 있다는 환상을 제시한다는 데 있다. 영화 〈미녀는 괴로워〉도 마찬가지다. 영화의 제목이 〈미녀는 괴로워〉이긴 하지만 영화 속 미녀의 괴로움은 단지 추녀였던 자신의 과거 자아, 자신이 한나였다는 사실이 밝혀질 것을 두려워하는 수준에 그친다. 말하자면 미녀가 자신의 추했던 과거 모습을 감추려는 시도 속에서 '미녀는 즐겁고, 추녀는 괴롭다'는 이분법적 구도를 확정 짓는 것이다. 사실 미녀도, 추녀도, (미녀도 추녀도 아닌) 평범한 여성도, 현실의 괴로움과 즐거움을 모두 겪는 것은 마찬가지인데 말이다.

신체의 변화가 시선의 변화를 가져오고 그럼으로써 한 사람의 삶을 변화시킬 수 있다는 가능성을, 영화에서는 성형수술이라는 조작을 통해 손쉽게 이루어낸다. 단지 신체만 변하면, 예뻐지기만 하면, 삶이 한순간 장밋빛으로 물들게 될 것이라는 메시지를 슬그머니 주입하면서 말이다. 그러한 메시지는 그렇지 않아도 현실의 이런저런 벽에 마음이 약해진 채 아름다움에 대한 애증과 갈증을 느끼는 사람들의 마음을 거침없이 흔든다.

더 크게 부각되는 신체적 자아

그렇다면 우리는 왜 이렇게 신체적 변신과 변화를 약속하는 이야기에 솔깃해지는 걸까? '신체적 자아'의 측면에서 답을 찾자면 우리의 신체적 자아가 하는 역할이 현대사회로 오면서 더 커졌기 때문일 것이다. 빠르게 변화하는 정보화시대를 사는 우리는 더 많은 사람에게 자신을 노출할 기회가 커졌다. 하지만 그 많은 사람과 나의 다양한 면모를 모두 나누기는 아무래도 힘들다. 잠깐 스치는 만남 속에서 깊은 인상을 남기려면 한눈에 호감을 주는 외모를 갖추어야 한다. 이때 신체는 타인이 우리를 짧은 순간 파악하게 해주는 정보가 된다.

피상적인 만남이 많아지고 여러 사람 앞에 자신을 노출시키는 기회가 잦아질수록 우리는 자아의 많은 부분을 신체적 자아에 의존한다. 특히나 영화 속 한나는 가수라는 직업의 특성상 대중들과 깊고 진솔한 관계를 맺기가 불가능했다는 점을 주목해보자. 이런 상황에서는 겉으로 보았을 때 두드러지는 신체가 그녀의 자아 전체를 대변하게 된다. 한나는 그런 타인의 시선에 끔찍하리만큼 예민해질 수밖에 없었다. 그 결과 끊임없이 자신의 신체를 감시하고 단속하고 의식하게 되는 것이다.

신체적 자아보다
중요한 내면의 자아

영화는 남성보다는 여성의 신체, 특히 젊은 여성의 신체를 향한 사회의 시선과 그 시선에 민감해질 수밖에 없는 여성들의 심리를 보여준다. 프레드릭슨Frederickson과 로버트Roberts의 1997년 연구 결과에 따르면, 이처럼 남성보다 여성의 신체에 더 비판적인 잣대를 들이대는 사회문화적인 관심(혹은 집착)은 여성들 사이에 더 많이 나타나는 우울증 및 섭식장애와 긴밀한 연관이 있다고 한다. 여성들은 외모에 과도한 관심을 갖도록 유도하는 사회적 관심 때문에 자신의 몸에 수치심을 느끼게 되고, 이것이 결국 우울증과 섭식장애, 성기능 장애로까지 이어진다는 것이다.

여기서 가장 중요한 부분은 바로 '수치심'이라는 감정이었다. 몸과 관련된 문제는 다양한 부정적 감정(짜증, 화, 속상함, 예민함, 시기, 질투, 자책감, 불만, 의혹, 의심, 우울감, 슬픔, 상실감)을 불러오지만 그중 다른 어떤 감정보다도 수치심을 느꼈는가, 그렇지 않은가에 따라 우울증과 섭식장애가 나타날 수 있다.

뚱뚱했던 한나 역시 이 수치심이라는 감정 때문에 목소리나 몸가짐을 제한하고 최소화하려 애쓴다. 마치 살의 부피만큼 수치심을 느끼는 듯한 모습이다. 수치심을 자극하는 타인의 태도에 따라 그녀는 자꾸만 위축된다. 그랬던 그녀가 제니가 되자 수치심이라는 감정을 허물 벗듯 한순간에 훌훌 벗어던지고 사라진 살만큼이나, 높아진 콧대와 커진 눈망울만큼이나 당당해진다. 이제 타인이 자신을 자랑스러워하고 사랑스럽게 여기는 것처럼 스스로도 자신을 그렇게 느낀다. 한나의 수치심이 제니의 자부심으로 맞교환된듯한 상황이다.

영화 속 이런 변신 과정은 지극히 자연스럽게 이루어진다. 하지만 우리가 처한 현실은 영화 속 한나의 현실만큼 극적이지 않다. 영화 속 한나의 변신은 신체가 아닌 다른 매력과 가치, 그 사람의 본질을 간과

하고 있기 때문이다. 그러므로 이 영화를 보면서 우리는 이 시대가 부과하는 부풀려진 신체적 자아의 의미와, 사람을 전체가 아닌 부분으로만 대하는 태도를 비판적으로 고민해보아야 할 것이다.

영화보다 더 복잡다단한 현실

신체에 과도한 관심을 쏟고 끊임없이 자신의 모습을 살피고 또 살피는 행위는 우리의 마음에 먹구름과 같은 감정을 불어넣고 진실한 관계 맺음을 어렵게 한다. 예로부터 여성들은 아름다워야 한다는 사회적 기대와 압력을 받아왔다. 한나처럼 뚱뚱한 몸집이 아닌 제니처럼 늘씬하고 섹시한 용모를 가지는 것이 '옳다'는 직간접적인 메시지의 폭격을 맞고 자라온 것이다.

우리가 다이어트와 성형수술을 하고 머리 모양을 바꾸고 치장을 하고 싶어 하는 것은 바로 불행했던 한나가 행복한 제니가 된 것처럼 판이하게 다른 삶을 살게 되리라는 기대 때문이다. 그러나 영화는 영화일 뿐, 현실은 다르다. 한나의 변신은 단지 신체적 자아의 변화에만 그쳤기 때문이다.

외모를 바꿈으로써 약간의 변화를 느낀 사람들은 자신의 모습에서 또 다른 불만을 느끼고 지속적인 성형의 욕구에 시달린다. 이처럼 욕망의 노예가 되는 사람들 때문에 성형중독이라는 현상이 나타나기도 한다. 또한 실제로 그렇게 파격적인 신체 변화를 겪은 사람들은 더 근본적인 자기 안의 다른 자아가 함께 변화하지 않았기에 혼란을 느끼기가 쉽다. 그럼에도 변화와 변신을 향한 우리의 감질 나는 욕망은 다양한 상품과 최신 성형 기술, 다이어트 프로그램의 힘을 업고 우리의 일상을 흐른다. 꾸준하고도 끈덕지게.

외모를 바꾸기 전에
자아개념을 점검해보라

자아개념 검사와 상담을 하다보면 외모가 불만족스러워 자신에게 긍정적인 느낌을 가질 수 없다는 여학생들의 얘기를 자주 듣곤 한다. 객관적으로 보기에는 외모 고민을 하지 않아도 될 만큼 예쁜 얼굴에 패션 감각도 뛰어난 학생들도 있지만, 내가 그들을 보는 눈과 그들이 자신을 바라보는 눈은 달라도 한참 다르다.

그들은 남들 눈에 예뻐 보이고 싶은데 그렇지 않다며 고민한다. 누군가가 그들에게 예쁘다고 칭찬을 해도 그 효력은 오래가지 못한다. 스스로 예쁘다고 느끼지 못하기에 다른 사람이 아무리 칭찬을 해줘도 진심으로 받아들이기 힘든 것이다. 자신의 외모에 대한 근본적인 자아개념이 단단하고 긍정적이지 못한 한, 타인의 인정과 칭찬은 그 순간에만 효력을 발휘하거나 혹은 어떤 효력도 발휘하지 못한다.

자아개념은 '나는 이런 사람이야,' '나는 이런 장단점이 있어'라는 스스로에 대한 느낌, 생각, 그리고 그에 따른 행동을 모두 포함한다. 이 세상에 태어난 그 순간부터 지금까지(그리고 앞으로도 계속) 우리와 함께할 사람은 바로 자신이기에, 긍정적인 자아개념은 우리의 심리적 건강과 행복에 그 무엇보다도 중요한 역할을 한다. 그렇다면 불만족스러운 외모 때문에 괴로워하는 사람들이 더 나은 자아개념을 가지려면 어떻게 해야 할까?

이에 대해 우리는 자아개념 검사에서 자아를 성격, 가정, 신체, 도덕, 사회 등 다섯 가지 분야로 나누어 살펴본다는 점에서 실마리를 얻을 수 있다. 학자들마다 자기를 구성하는 요소를 조금씩 다른 방식으로 개념화하고 저마다 다른 이름을 붙이기는 하지만, 한 가지 분명한 것은 외모가 우리를 구성하는 다양한 요소 가운데 하나일 뿐 전체를 차지하는 것은 아니라는 사실이다. 그런데 우리는 때로 자신의 한 가지 면에만 집중한다. 그러면서 자신에게 만족하지 못하고 일부 때문에 전체가 다 못났다고 규정해버리곤 한다.

내 모습이 마음에 안 들 때, 내 모든 것을 변화시켜야 할 것만 같아 불만에 찰 때, 혹시 내가 아주 작은 내 안의 한 조각만 붙잡고 스스로를 힘들게 하고 있는 것은 아닌지 살펴보자. 어느 한쪽은 부족하고 못나 보여도 나란 사람 전체에는 분명 아름답고 반짝이는 부분이 있기 때문이다.

천사는
무엇을 입을까?

악마는 프라다를 입는다
The devil Wears Prada

패션 산업,
젊은 그대를 구원하다

신촌 거리에는 십자가가 두 개인 교회가 있다. 왜 십자가가 두 개일까? 그다지 궁금하진 않았지만 누군가가 이렇게 농담하는 소리를 듣고 웃었다. 그곳의 젊은이들이 악마의 목소리에 유혹당해 타락하는 것을 막기 위해 내려진 특단의 조치라는 것이다. 그 말을 듣고서 나는 한참 동안 그 십자가를 바라보았다. 높다란 곳에 굳건하게 솟은 그 십자가들은 분명 위용이 있었다. 그러나 신촌의 젊은이들을 구원하는 것은 종교가 아닌, 패션 산업이 아닐까 하는 생각이 들었다. 바로 전방위로 위력을 떨치는 패션 산업 말이다. 이 시대를 사는 젊은이들은 기도와 절제와 종교적 원칙이 아닌, 다이어트와 명품 가방과 미용실과 하이힐과 화장품에 기대어 살고 있기 때문이다.

우리는 패션잡지와 온갖 미디어가 처방하는 미용 비법에 의지해 살아가게 된다. 마치 마른 한지에 물이 스며들듯 패션은 우리가 의식하지 못하는 사이에 그렇게 큰 영향을 미치고 있다. 우리는 아침마다 고민한다. 무엇을 입을 것이며, 무엇을 바를 것이며, 무엇을 신을 것이며, 무엇을 멜 것이며, 어떤 제스처와 표정을 연출할 것인가. 그리고 이 고민은 우리의 의식세계와 무의식적인 세계에 불쑥불쑥 끼어들어 때로는 우리를 방해하고, 때로는 우리를 구원한다.

잡지책에서 금방이라도 튀어나온 것 같은 스타일을 하고 무심한 표정으로 신촌의 거리를 활보하는 대학생들을 보면 그건 분명하다는 생각이 든다. 오늘날 패션은 우리 생활 속에 종교보다 더 강한 신념체계로서 자리 잡았고, 우리의 일상에 엄청난 파급력을 미치고 있다.

상황이 이러하다보니 내면의 아름다움마저 패션이라는 매개체가 있어야만 빛을 발하는 것 같다. 이런 시대를 살면서 패션에 관심이 없다고 심드렁해하는 것은 빤한 거짓말이거나 너무 순진한 것이다. 그렇게 말하는 사람들조차도 몸에 무언가를 걸치고 있고, 자기만의 특유한 표정과 제스처를 간직하고 있다. 일회적인 만남, 힐끗 보기, 스쳐지나가는 소개, 치열한 자기 PR 시대를 걷고 있는 우리 모두에게 패션은 끊임없이 속삭이고 유혹한다. 신체는 자신을 가장 강력하게 대변하는 도구로 진화했다고.

패션은 전략이다. 우리는 패션으로 이기고, 패션으로 진다.

악마의 유혹, 패션이 곧 진리

영화 〈악마는 프라다를 입는다The Devil Wears Prada〉는 우리 시대 패션의 용광로를 가장 뜨겁고 열광적으로 지피고 있는 패션 잡지사에 비서로 들어간 앤드리아(앤 해서웨이 분)의 이야기를 담고 있다. 영화는 천사같이 순수한 열정을 가졌던 앤드리아가 미운 오리 새끼 견습생 시절을 거쳐 패션을 섭렵하고 악마같은 상사(메릴 스트립 분)에게마저 인정을 받게 되는 과정을 그린다. 그 과정에서 우리는 눈이 휘둥그레질 만큼 수많은 브랜드의 의류와 액세서리, 컬러와 스타일이 아우성치며 향연을 벌이는 모습을 볼 수 있다. 패션에 대해 눈을 떠가는 앤드리아만큼이나 패션을 갈구하는 우리의 욕망은 영화를 통해 슬슬 자극받게 된다. 실제로는 그 가방을, 그 힐을, 그 드레스를 만져볼 수조차 없는데 말이다.

그럼으로써 영화는 패션에 끊임없이 유혹당하는 우리를 그 욕망에 고정시킨다. 앤드리아가 처음 입었던 소박한 스웨터와 무릎길이 치마와 편안한 구두가 화려하게 차려입은 사람들 사이에서 부끄러운 차림으로 전락하는 것을 보며 평범한 우리는 슬슬 약이 오른다. 영화는 패션을 통해 촌스러운 앤드리아를 구원하고 해방시켜줄 수 있다고 약속하는 것 같다. 단지 옷을 바꿔 입고, 머리를 다듬고, 액세서리를 걸치고, 하이힐을 신었을 뿐인데 앤드리아는 금세 패션 전략을 이해하고 본인의 삶에 적용함으로써 구원을 받는다. 평범하고 촌스러웠던 그녀가 패션과 스타일의 후광을 입게 된 것이다. 이런 후광효과 덕에 사람들의 시선 또한 급격히 달라지는 것을 볼 수 있다.

그녀가 프라다를 걸치자

▌그녀가 프라다를 입지 않았을 때와 입었을 때, 사람들의 반응은 180도 회전한다. 동료들의 시선도, 남자들의 시선도 달라지고, 곤경에 처하면

기꺼이 도와주는 사람도 생긴다. 그게 다 패션이 우리에게 주는 혜택
이다. 그래서 우리는 외적 아름다움을 극대화시켜주겠다고 속삭이는
패션이라는 악마의 유혹을 뿌리칠 수가 없는 것이다.

좋은 성적으로 대학을 졸업하고, 대학신문 편집장을 지낼 만큼 똑똑
하고 성실한 앤드리아도 패션 때문에 기가 죽고 패션의 유혹 앞에서
쩔쩔매게 된다. 그녀는 패션을 통해 자존감을 세우고 존재감을 얻는
우리 시대의 모든 신체적 자아를 대변한다. 그렇기에 그녀는 패션 아
이콘의 비서로 일하면서 온갖 학대와 수모와 부당한 처우를 견뎌낸다.
이 사회를 살면서 내적 아름다움에 외적 아름다움까지 덧씌우는 전략
을 생생하게 배워나가는 것이다.

패션을 이용하되
이용당하지 말자

영화는 온갖 현란한 패션의 묘기를 보여줌으로써 미운 오리 새끼였
던 그녀가 백조로 환생하는 모습을 극적으로 표현하는 한편, 악마같이
심술궂고 사악하지만 강력한 마력과 집중력으로 패션계를 호령하는
상사 미란다의 모습을 흥미롭게 그려낸다. 미란다의 호령에 패션계 사
람들이 흡사 전쟁에라도 참전하는 것처럼 동분서주하는 모습은 감각
적으로 비친다.

영화 후반부로 가면서 우리는 이 영화가 던지는 교훈을 감지하게 된

다. 바로 패션이 전략 수준에 머물러야지 극단적으로 집착할 때는 병으로 치닫게 된다는 교훈이다. 사실 우리는 이 교훈을 진부하게 여길 만큼 잘 알고 있지만 패션이라는 압력과 악마의 속삭임에 귀를 기울이다 보면 어느 순간 균형을 잃게 되기 쉽다. 외적 매력에 과도하게 집착하게 되는 것이다. 지난달 카드 명세서를 받고서야, 나를 보호하고 빛나게 하기 위해 두른 프라다가 오히려 나를 좀먹고 해치고 있다는 사실을 깨닫기도 한다.

영화 속 앤드리아는 너무 늦기 전에 그 사실을 깨닫는다. 그리고 자신의 삶 전반을 뒤집어엎을 정도로 치열했던 패션업계에서 손을 떼고 사랑하는 가족과 친구, 애인의 품으로 돌아간다. 그곳에서의 경험을 모두 성장의 계기로 껴안은 채.

우리를 병들게 하는
패션 집착

앤드리아의 이야기가 아니더라도 우리는 역사를 통해 도를 넘은 패션이 어떤 결과를 가져오는지 쉽게 발견할 수 있다. 개미허리를 만들기 위해 여인들의 몸을 고래 뼈로 조여 오장육부를 망가뜨렸던 빅토리아 시대의 코르셋, 자신은 평생 못 뛰는 게 한이라서 다음 생애엔 개로 환생하고 싶다 말하면서도 다섯 살짜리 손녀의 발을 꽁꽁 동여맬 수밖에 없었던 중국 여성의 전족, 결국에는 저승사자처럼 얼굴이 푸르딩딩

해질 거라는 걸 알면서도 당장 하얀 얼굴이 갖고 싶어 왕족 여인들이 사용했던 납 화장품 등, 그 예는 끊이지 않는다.

그런 예는 야만적이고 구식이라고, 지금은 시대가 많이 달라졌다고 말하는 사람들이 있을지도 모른다. 하지만 우리 사회의 패션은 더 교묘한 방법으로 사람들의 심리를 파고든다. 현대 여성들은 코르셋 대신 몸에 꼭 붙는 교정 속옷을, 전족 대신 고통스러우나 결코 벗고 내려올 수 없는 하이힐을, 얼굴에 직접적인 해를 가하는 납 화장품 대신 한 달치 월급을 다 쏟아부어야 하는 값비싼 화장품을 이용하며 그 유혹에 붙들려 헤맨다.

여성학자들의 거센 항의를 받고 속옷가게 문을 닫아야 했던 1920년대의 한 사업가는 이런 저주를 퍼부었다고 한다. "어디, 너희가 이거 안 입고 베기나 보자." 그리고 그의 저주는 현실이 되어 양성평등의 시대에도 여성의 몸을 떠나지 못하고 있다. 갖가지 패션 의류와 용품들은 여전히 우리 몸의 어떤 부분은 극대화하고 어떤 부분은 축소시킴으로써, 오랜 불편을 통해 순간의 완벽을 창조하는 데 기여한다. 이 사회를 살아내는

The Devil Wears Prada

우리의 전략으로써 그의 저주가 여전히 효력을 발휘하고 있는 셈이다. 더구나 이제는 남성들도 여성만큼이나 노골적으로 패션을 취하고 전략을 짜는 시대가 되었다.

　그렇다고 너무 무기력해할 필요는 없다. 옛날 여성들이 패션에 억압당하는 줄도 모르고 자발적으로 종속되어 살았다면 현대의 여성과 남성은 좀더 전략적으로 패션을 향유할 희망이 있다. 앤드리아 역시 패션에 노예가 되지 않을 정도까지만 패션을 이용한다. 패션의 폭격에 무기력하게 끌려다니지 않고 주체적으로 패션을 공략할 수만 있다면, 우리는 진정 패션의 구원을 받을 수 있으리라.

네가 무얼 입든, 얼마나 멋져 보이든

　또 한 가지 영화에서 주목할 부분은 앤드리아의 친구들과 가족, 애인이 그녀가 무얼 입든 무엇을 입지 않든 변함없이 그녀를 사랑했다는 점이다. 이는 우리가 언제 패션이라는 갑옷을 착용해야 하고, 언제 그 갑옷을 벗어 내려도 되는가를 시사한다. 내면을 함께 나누는 사람을 만날 때는 프라다를 둘렀든, 무릎 나온 트레이닝복을 입었든 그리 중요하지가 않다. 사실 우리가 패션을 착용해야 하는 이유는 어디까지나 우리를 잘 알지 못하고, 알고 싶어도 시간과 에너지가 없어서 힐끗 보고 지나칠 수밖에 없는 사람들을 위한 것이기 때문이다.

우리를 알지 못하는 사람에게 단시간에 자신을 알릴 필요가 있는 현대사회에서 패션은 분명 우리를 구원해주는 악마다. 그 악마는 신촌에 있는 교회의 두 십자가처럼 항상 친절하고 선하지만은 않다. 우리는 그 악마를 잘 구슬리고 다루어야 한다. 끈질긴 속삭임과 유혹에도 취할 것만 취하면서 악마를 활용해야 한다.

좋은 인상을 주기 위해 패션을 어떻게 활용해야 할까?

얼마 전 신문기사를 보니 영국 남성들은 여성의 나이가 31세일 때 가장 아름답게 느낀다고 대답했다 한다. 그 이유는 이 시기쯤 되면 신체적으로도 아름다울 뿐 아니라 자신에게 어울리는 옷과 화장을 잘 알고 꾸밀 줄 알기 때문이라는 것이다. 이들의 정의에 따르면 아름다움이란 타고난 외모에 센스 있는 패션 감각이 더해졌을 때 가장 잘 드러나는 것인 듯하다. 게다가 응답자들은 아름다움에서 패션 감각이 차지하는 비율이 무려 40퍼센트 이상이라고 대답했다. 이는 우리 사회에서 패션 사업과 이미지 컨설팅이 점점 더 발달하는 현상과도 맞물리는 결과가 아닐까?

패션은 우리의 첫인상을 결정짓는다. 다수의 타인들과 스쳐가듯 짧은 만남을 일상적으로 해야 하는 우리에게 '인상'은 예전보다 더 중요한 과제가 되었다. 외모는 타고난 것이지만 패션은 얼마든지 변화와 진화가 가능하다. 아름다움을 평가하는 기준에서 외모만큼이나 패션이 중요해진 지금, 좋은 인상을 유지하기 위해 패션을 어떻게 활용할 것인가는 중요한 화두다.

영화 〈악마는 프라다를 입는다〉 속에서 패션 숙맥 시절 앤드리아는 미란
다와 다른 직원들이 별반 다를 게 없어 보이는 두 개의 벨트 가운데 어
떤 것을 택해야 할지 심각하게 고심하는 모습을 보고 자신도 모르게 웃
음을 터뜨린다. 그러나 패션이 중요해진 이 시대에 어떤 벨트를 매야 하
는가는 우리가 얼마나 더 아름다워 보일 수 있는가를 결정하는 매우 진
지한 질문이다.

그 후 그녀는 단지 패션에 신경을 썼을 뿐인데 사람들의 태도가 극적으
로 달라지는 것을 겪으며 옷과 장신구는 단순한 의류 이상이라는 것을
깨닫는다. 우리는 패션을 통해 세상에 우리를 내놓는다. 누군가의 패션을
보면 그 사람에 관해 많은 것을 알 수 있다. 그 사람이 누구인지, 어떤 일
을 하는지, 그리고 어떤 이미지로 타인에게 비치고 싶은지가 드러난다.

때로 패션은 그 사람의 심리적 상태와 건강을 가늠하는 잣대가 되기도
한다. 지나치게 튀는 패션 감각으로 사람들의 시선을 끌거나, 한 가지 패
션에 집착하거나, 자신을 꾸미지 않고 방치하는 것은 우리의 마음 어딘
가가 편안하지 못하다는 의미다. 그래서 심리 상담실에서는 처음 상담실
문을 두드릴 때 외모를 전혀 꾸미지 않았던 내담자가 조금씩 외모를 꾸
미기 시작하면 증세가 호전되고 있다는 징후로 받아들이기도 한다. 그만
큼 패션은 우리의 내면에 대해서 생각보다 많은 것을 말해준다.

우리가 패션에 특히 더 공을 들일 때는 중요한 사람과 처음 만나는 자리
일 것이다. 그럴 때는 내 안의 부족함을 치장으로 상쇄하고 싶은 심리도
발동한다. 그런데 너무 신경을 쓰다보면 외모 이외에 공유할 수 있는 나
만의 다른 자원들이 두꺼운 화장과 화려한 옷에 가려 묻힐 수가 있다. 강

렬한 인상을 남길 수 있을지는 몰라도 그 강렬한 인상이 오히려 역효과를 불러올 수 있는 것이다. 그러니 때와 장소에 맞춰 적절한 패션 감각을 유지하고 외모를 관리하되, 외모에 관리당하지 않는 균형을 유지하는 것이 중요하다.

내 안의 천재를
만나다

어거스트 러쉬

August Rush

사라지는
천재들

한 분야에서 보통 사람들의 상상을 뛰어넘는 **빼어난** 능력을 발휘하는, 소위 천재라 불리는 아이들이 있다. 이런 아이들은 자라면서 더 많은 도전과 유혹을 받게 되기가 쉽다. 그래서 능력을 유지할 수 있도록 적절한 지지와 도전이 따라야 하며, 무시하거나 착취하는 것이 아니라 아이의 천재성을 진정 알아보고 키워줄 줄 아는 사람이 곁에 있어야 한다.

그러나 많은 경우 천재들은 사람들을 잠깐 놀라게 한 후 어디론가 사라지곤 한다. 혹은 그를 제대로 이해하지 못하는 사람들의 무심함과 무지 속에서 힘든 삶을 살기도 한다. 살아생전에는 겨우 한 점의 그림을 헐값에 팔았던 고흐가 죽은 뒤에야 천재성을 인정받았던 것처럼 말이다.

수년 전 혜성처럼 우리 앞에 나타났다가 어느 순간 우리의 시야에서 사라졌던 천재 바이올리니스트 유진 박은 어떤가? 그가 다시 대중 앞에 나타났을 때 우리는 천재를 대하는 우리의 방식에 대해 한없이 자책하고 안타까워해야 했다. 몇 년 전만 해도 생동감 넘치는 연주를 보여주던 세계적인 바이올리니스트가 혹독한 착취로 빛을 잃은 모습은 차마 받아들이기 힘들 정도였다.

그의 모습은 영화 〈어거스트 러쉬August Rush〉에 등장하는 음악 천재

에반(프레디 하이모어 분)의 모습과도 교차된다. 한 사람의 천재성과 내면에서 샘솟는 에너지를 보존하기 위해 무엇이 필요한가를 잘 보여주는 영화이기 때문이다.

버려진
천재 소년

영화 속 에반은 고아원의 어두운 침대에 누워서도, 짓궂은 아이들의 놀림을 들으면서도, 소리에 대한 알 수 없는 집착을 내려놓을 수가 없다. 그는 자기가 듣는 소리가 마음속에서도 흘러나오고, 밖에서도 찾아온다고 믿는다. 그리고 그렇게 소리를 들을 수 있는 건 부모님이 자신에게 준 선물이며, 소리가 있기에 부모님이 자신을 버린 것은 아니라고 생각한다. 부모가 전화하거나 찾아오지 않아도, 소리가 그를 감싸고 있으니 부모는 그 곁에 있는 것만 같다. 그리고 그 소리만 따라가면 부모님을 다시 만날 수 있을 것만 같다.

소년의 이러한 행동과 신념을 객관적으로 살펴보면, 환상에 매여 현실적인 사고를 하지 못하는 것처럼 보인다. 흔히 상처 받기 두려워하는 어른들이나 상처에 취약한 아이들에게서 이런 경향이 자주 발견되는데 이를 '공상 경향성fantasy-proneness'이라고 한다. 현실적인 상황이 너무 고통스럽거나, 예측 불가능한 타인과 공유하는 세상보다 자신만의 세계가 더 안전하고 행복하다고 느낄 때 종종 이런 성향을 보이게 된다.

에반은 다른 아이들처럼 부모에게 버림받았다고 낙심하는 대신 부모님을 찾게 될 거라고 희망을 품는다. 그래서 입양도 거부하고, 그의 생각을 비웃는 다른 아이들의 조롱도 무시한다. 아마 그를 놀린 아이들은 부모에게서 버림받았다는 상처를 어떻게 처리할 줄 몰라 에반을 공격한 것인지도 모른다. 보호받아야 할 시기에 버림받은 경험은 쉽게 극복하기 어려운 예리한 상처를 우리 마음 속에 남기기 마련이다. 얼굴도 본 적 없는 부모님에 대한 그리움에 사무친 에반은 오로지 소리만을 좇아, 그 소리를 준 부모님을 찾기 위해 고아원을 나온다.

고아원에서 나선 에반은 비둘기가 날아가는 소리, 지하철이 지나가는 소리, 공사장 인부들이 작업하는 소리, 바람 소리, 어디선가 들려오는 고함 소리, 바쁘게 지나가는 사람들의 구두 소리 등 온갖 사물들이 어우러져 빚어내는 소리 속에서 음악을 발견하고 길을 잃어버린다. 아니, 에반의 입장에서 말하자면 그는 소리 속에서 자신을 잃어버리고 음악을 좇는다.

에반은 아이들을 착취하는 앵벌이 왕초 위저드를 만나 착취당하기도 하지만 어느 교회에서 선한 사람들의 도움을 받고 줄리아드 음대에 입학하게 된다. 그리고 수천 명의 사람들 앞에서 자신이 작곡한 곡을 선보일 기회도 얻는다. 위저드의 방해 때문에 그 기회조차 무산될 위기에 처하기도 하지만 영화는 해피엔딩으로 끝을 맺는다. 에반은 결국 우여곡절 끝에 부모님을 만나게 된다. 그는 앞으로 자신의 천재성을 유감없이 발휘하게 될 것이다. 하지만 현실 속의 천재들은 이처럼 행복한 결말을 맞는 경우가 많지 않다. 천재들이 유감없이 재능을 발휘할 수 있으려면 우리는 그들을 어떤 방식으로 바라봐야 할까?

천재를 바라보는
세 개의 시선

이 이야기에서는 신동을 바라보는 사람들의 여러 시각을 엿볼 수 있다. 그 시각은 크게 세 유형의 사람들로 대변한다. 먼저 어떤 이들은 천재의 재능과 열정을 알아볼 줄 모르고 무시한다. 그래서 아이에게 필요한 교육과 자극 또한 제공하지 못하고 결국 그 재능을 죽이고 만다. 에반이 고아원에서 만났던 사람들이 바로 여기에 속한다고 할 수 있다.

또 다른 사람들은 아이가 가진 재능을 알아보고는 자신의 사리사욕을 채우기 위해 이용하기에 여념이 없다. 이들은 천재성을 알아볼 만큼 예리한 눈을 가지고 있고, 그 재능을 키워주기 위해 어느 정도의 환경을 제공하기도 하지만 자신의 욕심을 앞세운다. 그리고 재능이 꽃피우는 열매 자체보다는 그 열매의 교환가치를 가장 먼저 계산하기 때문에 재능을 가진 아이에게 치명적인 상처를 줄 수 있다. 에반의 음악적 재능을 돈벌이에 이용한 위저드는 전형적으로 이런 부류에 속한다.

마지막으로 재능을 알아보는 동시에 이를 감사히 여기고 음미하며,

August Rush

어떤 방식으로든 그 재능을 키워주고 공유하는 것을 목표로 삼는 사람들도 있다. 두말할 것도 없이 이 세상의 모든 재능 있는 아이들에게는 이런 유형의 사람들이 필요하다. 그래야만 이 아이들의 재능은 무럭무럭 자랄 수가 있다. 에반이 줄리아드에서 공부할 수 있도록 힘써준 목사님과 선생님들은 그의 재능을 고마워하고 아낄 줄 아는 사람들이었다. 에반은 이들을 만난 후에야 자신의 재능을 유감없이 발휘할 수 있었다.

내재적 동기와
외재적 동기

이 영화는 에반과 같이 천재적인 재능을 타고난 사람이 어떤 방식으로 착취당하고 또 보호받게 되는가를 말하지만, 이는 천재가 아닌 평범한 이들에게도 해당하는 이야기일 것이다. 모든 아이들은 선천적으로 배우고 탐색하고자 하는 욕구와 세상에 대한 호기심을 타고난다. 심리학 용어로는 이를 '내재적 동기intrinsic motivation'라 한다. 모든 소리를 아름다운 음악으로 변형하는 천부적인 능력을 지녔던 에반과 같이 어떤 아이는 음악 학습에 내재적 동기를 타고나고, 또 어떤 아이는 어린 시절부터 다양한 언어에 민감한 반응을 보이며 언어 학습에 내재적 동기를 타고난다. 누구나 각자 즐겨 하는 분야가 있는 것이다.

그러나 특정 분야에 대한 자연스러운 관심은 외적인 압력과 섞이면서 처음과 다른 방향으로 발전한다. 아이들은 자랄수록 어떤 일을 순전히 좋아서 하는 경험을 점차 잃어간다. 마음이 끌려서 하던 일도 보상이나 처벌과 섞이게 되기 때문이다. 즉, 우리 안에서 내재적 동기가 차지하던 자리는 점점 외재적 동기에 자리를 내어주게 된다.

내재적 동기가 항상 외재적 동기보다 낫다고 말할 수는 없지만, 악기를 연주하고 정신없이 작곡하고 음악에 몰입하며 환한 웃음을 짓는 영화 속 에반의 모습을 지켜보노라면 순전한 만족과 기쁨에 이끌려 어떤 대상에 몰입하는 것이 우리를 얼마나 행복하고 순수하게 하는가를 생각하게 한다. 그래서 사람들은 외재적 동기로 하는 일보다는 내재적 동기가 이끄는 여가활동을 기다리는 것인지도 모른다. 음악을 향한 에반의 열정과 몰입은 우리의 행동을 이끄는 중요한 동기를 강조한다. 바로, 누구든 마음에서 우러나오는 일을 할 때 가장 큰 행복을 느끼고 가장 잘할 수 있다는 것이다.

영화의 마지막 장면에서 에반은 이렇게 말한다.

"음악은 도처에 깔려 있어요. 우린 그저 듣기만 하면 되는 거예요."

이 말에는 우리가 보다 행복하고 즐거운 삶을 살아가기 위해 붙잡고 가야 할 마음이 어떤 것인지 알려준다. 에반은 외부의 좌절과 부침에도 자신을 매료시키는 내면적 동기에 집중할 줄 알았다. 그런 에반의 모습을 보면 아마도 천재와 보통 사람의 차이는 내면적 동기를 유지할 수 있는가 그렇지 않은가에 달린 것이 아닐까 싶다. 외적인 보상과 타인의 반응에 신경 쓰느라 내면의 소리에 몰입하는 능력을 잃어버리고 우리 안의 천재성은 물론 타인의 천재성 또한 제대로 감탄하고 응원할 줄 몰랐다면 이 영화 〈어거스트 러쉬〉가 전하는 메시지에 귀를 기울일 필요가 있을 것이다. 언제나 우리 내면의 소리에 집중하고 그것이 이끄는 대로 끈기 있게 나아갈 때 우리 역시 한 분야에서 전문가로 우뚝 설 수 있으리라.

왜 좋아서 했던 일이 '일'이 되면 더는 즐겁지 않을까?

N 씨는 지난 학기 동안 듣고 싶은 과목을 선택해 즐겁게 수강한 끝에 대학 들어와 처음으로 장학금을 받았다. 그런데 이번 학기에는 지난 학기와 달리, 자주 긴장하고 스트레스를 받는다고 한다. 이번 학기에도 장학금을 받아야 한다는 부담이 작용했기 때문이다.

J 씨는 매일 출퇴근을 하며 저절로 한숨이 나온다. 좋아서 시작한 일이었지만 다른 일을 하는 친구들에 비해 보수가 너무 적은 것 같다. 이 정도 대접을 받기 위해 그렇게 공부를 한 게 아닌데 싶어서 요즘 이직을 고려 중이다. 정말 원하던 일이었지만, 요즘은 하고 싶다는 생각이 전혀 들지 않기 때문이다.

N 씨와 J 씨가 지금 하고 있는 일에 의욕을 못 느끼고 힘들어하는 데는 다양한 이유가 있겠지만 먼저 '동기'의 측면에서 살펴볼 수 있을 것 같다. 동기 가운데에서도 '내재적 동기'가 부족해서라고 할 수 있는데, 이를 설명하기 위해 탈무드에 나오는 이야기 하나를 소개할까 한다.

장사를 하던 한 노인은 가게 앞에서 깡통을 차며 시끄럽게 떠드는 아이들 때문에 골치가 아팠다. 노인은 아이들을 저지하고 싶었지만 쉽게 말을 들을 아이들이 아니라는 것을 알았다. 그래서 한 가지 아이디어를 고안했다. 바로 깡통을 차거나 시끄럽게 떠드는 아이들에게 금전적인 보상을 하는 것이었다. 그는 아이들에게 1000원씩 주며 이렇게 말했다.

"이 돈은 너희들이 깡통을 차기 때문에 주는 거야. 앞으로도 계속 깡통을 열심히 차고 시끄럽게 해주렴. 그럼 내가 매일 1000원씩 주마."

노인이 시끄러운 것을 싫어한다고 생각했던 아이들은 어리둥절했다. 더군다나 앞으로도 깡통을 차면 계속 돈을 주겠다니 솔깃한 제안이 아닐 수 없었다. 그래서 아이들은 기뻐하며 매일같이 그의 가게 앞에 가서 열심히 깡통을 찼다. 깡통을 차는 아이들에게 매일 1000원씩 주던 노인은 며칠 뒤에는 500원을 주며 말했다.

"미안하구나. 요즘 장사가 잘 안 되서 말이야. 앞으로는 500원밖에 못 주겠어."

아이들은 실망하긴 했지만 500원도 이들에게는 큰돈이었다. 그 뒤로도 열심히 깡통을 차던 아이들은 시간이 흐를수록 노인이 계속 돈을 깎자 깡통 차는 일에 점점 소홀해졌다. 그리고 어느 날 노인이 100원을 내밀었을 때 화난 목소리로 이렇게 외치며 가게를 박차고 나갔다.

"깡통 차는 게 얼마나 힘든 줄 아세요? 다시는 깡통을 차나봐라!"

그런 아이들의 뒷모습에 노인은 회심의 미소를 지었다. 그 뒤로 아이들은 그의 가게 근처에서 깡통을 차지 않았고 노인은 한결 조용해진 환경에서 평온함을 되찾을 수 있었다고 한다.

이 이야기는 우리 안의 내재적 동기가 어떤 방식으로 파괴되어가는가를 보여주는 은유라 할 수 있다. 아무리 좋아서 했던 일이라도 외적 보상이나 처벌이 가해지면 내재적 동기는 감소할 수밖에 없다.

우리는 자라면서 '이 정도 하면 이만큼 보상해주겠다'라는 수많은 약속 안에서 무언가를 해왔다. 아무런 보상을 바라지 않고 했던 일조차 그 공식에 묶여 들어간 후에는 외재적 보상 없이 움직이기가 힘들어지곤 한다. 그러나 외재적 보상이 이끄는 외적 동기는 우리 밖에서 주어지는 것이기 때문에 우리 뜻대로 통제하기 어렵고 한계 또한 있다. 진정으로 의욕 넘치는 생생한 삶을 살기 위해서는 우리 안의 내재적 동기를 키우고 이것이 훼손되지 않도록 해야 한다. 그러니까 외재적 동기보다는 내재적 동기에 초점을 맞추어 선택하고 행동하는 것이 중요하다는 뜻이다. 정말 좋아서 하는 일을 지금보다 조금씩 늘려가도록 해보자.

그와 그녀의
심리적 표류기

김씨 표류기
Castaway On The Moon

남자 김 씨의
표류기

▌따분한 오후, 북적이는 한강의 다리 어디쯤에서 양복을 입은 한 남자
가 투신한다. 그는 절망 끝에서 자살을 택한다. 비판적인 가족과 냉정
한 애인과 경쟁적인 사회 속에서 더는 버텨낼 힘이 없다. 이제 세상 사
람들과 섞이고 싶지 않고 갑갑한 현실 속에서 부대끼고 싶지도 않다.
그렇게 그는 자살을 감행하지만 자살마저도 뜻대로 되지 않는다. 한강
위의 무인도, 밤섬에 표류하게 된 것이다. 이 웃지 못할 상황 속에서
그는 이제 죽음이 아닌 새로운 삶을 살 수밖에 없다. 살려고 이 세상에
태어났는데 죽고 싶었던 것처럼, 죽으려고 이 세상과 이별했는데 살고
싶어진 것이다.

아무도 찾을 수 없는 공간에 혼자 고립되었다는 생각은 아주 잠깐
그를 두려움 속으로 몰아넣지만 이내 그는 자유로운 삶에 빠르게 적응
한다. 그곳에서 그는 신체적으로 불편하긴 하지만 심리적으로는 그 누
구에게도 속박되지 않는다. 토익점수가 왜 그것밖에 안되는지, 애인으
로서 왜 그렇게 함량 미달인지 닦달하는 사람도 없고, 대출 상담을 해
준다며 귀찮게 구는 이들도 없다.

이곳 무인도에서 그는 '완벽한 심심함'을 구축하고는 아주 소소한
발견과 완성에서 전율을 느끼고 기적을 맛본다. 문명 속에서는 아무리
가져도 부족한 것 같고 정체된 것 같아서 힘들었는데 아무것도 없이

처음부터 시작하는 하루하루를 살면서 서서히 진화해나가는 기쁨을 누리게 된 것이다. 무인도에 떨어지자마자 그가 모래사장에 적었던 절박한 글귀 'help'는 어느 순간 'hello'로 변한다. 절망 속에서 누군가 자신을 붙잡아주지 않음을 원망하기보다는 희망 위에서 세상에 인사하고 싶어진 것이다.

여자 김 씨의 표류기

아빠는 출근하고 엄마도 외출한 어느 날 아침, 그녀는 1년에 두 번 있는 민방위 훈련을 고대하고 있다. 이날은 거리의 차들도 사람들도 모조리 사라진다. 그녀는 어두운 자신의 방에 앉아 사람들이 사라진 거리를 카메라 렌즈를 통해 바라보며 편안함을 느낀다. 방 밖으로 나가기를 거부하며 안전한 자기만의 공간과 화려한 사이버 세계에서만 칩거한 지 벌써 3년째, 그녀의 하루는 다른 식구들이 현관문을 닫는 소리와 함께 시작해서 그들이 돌아오는 소리로 끝이 난다. 그렇게 최면처럼 잠이 들면 과거에 있었던 일들, 오늘 보았던 모든 것이 삭제되고 늘 하루하루가 새로 리셋되기를 소망한다.

이런 그녀의 하루에도 질서와 규칙은 있다. 만보기로 만 걸음씩 제자리걸음을 하고, 미니홈피로 업데이트되는 타인의 일상을 살피고, 인터넷 쇼핑으로 필요한 것을 구입하고, 휴대폰 문자로 가족들의 목소리에

'반응'한다. 그리고 인터넷에 올라온 리플로 자신의 존재를 증명받는다. 얼굴의 상처와 과거의 왕따 경험으로 현실이 두렵고 사람들이 무서웠던 그녀는 무인도로 표류한 남자 김 씨와는 또 다른 방식으로 표류하고 있다. 현실을 직면하기보다는 가상의 삶 위에서 표류 중이다.

그녀는 그 가상 세계에서 원하는 구두를 사고, 원하는 치마를 사고, 원하는 얼굴과 몸까지 얻는다. 그 안에서만은 자신 있게 활보하며 이렇게 말한다.

"클릭만으로 간단히 내 것이 된다. 되고 싶은 것은 클릭만 하면 된다."

클릭만 하면 '진짜처럼' 되긴 하지만 클릭만 한다고 '진짜가' 될 수는 없기에 그녀의 삶은 위태롭기만 하다. 그리고 '진짜처럼'이 판을 치는 가상 세계를 표류하다 보면 '진짜'를 접촉하기란 더 어려워진다. 그랬던 그녀의 카메라 렌즈에 우연히 그가 나타난다.

김 씨의 모습은 그녀가 미니홈피를 통해 살펴보던 다른 사람들보다 화려하지는 않지만 더 생생하고 역동적이다. '진짜처럼'이 아닌 '진짜'인 것이다. 그때부터 그녀는 인터넷 세계를 부유하는 대신 카메라로 그를 관찰하는 일에 심취하게 된다. 그리고 결국 그의 삶을 멀리서 바라보며 '눈팅'만 하거나, 리플을 달아 '반응'하기만 하기보다 그와 직접적으로 소통하고 관계 맺기를 희망하게 된다. 방 밖으로 나가고 현관문을 열고 나서서 세상과 섞이고 싶다는 욕망과 희망이 되살아난 것이다.

자살 시도자의 희망과
은둔형 외톨이의 관계 맺기

살다보면 우리는 이런저런 절망의 순간을 맞게 된다. 어떤 이들은 자살이라는 극단적인 방법을 통해 자신의 고통을 드러내고 삶을 포기하기에 이른다. 자살에는 여러 가지 이유가 있겠지만 많은 학자들은 그 이유를 크게 '무력감helplessness'과 '무망감hopelessness'으로 나눈다. 자살을 시도했다가 밤섬에서 살게 된 남자 김 씨가 스스로 자장면을 만들어 먹는 과정도 여기에서 비롯된다.

자장면을 먹고 싶은 마음에 새똥을 심어 밭을 경작하기에 이른 그의 모습을 보고 감탄한 여자는 어렵게 용기를 내어 그에게 자장면을 배달시켜주지만 그는 결연히 거절한다. 이제 자신의 욕망을 스스로 해결해보겠다는 것이다. 다시 말해 무력감과 무망감에서 벗어나 삶을 향한 강한 희망과 의지를 품게 된 것이다.

이런 그의 모습은 자신만의 가상세계에 갇힌 여자 김 씨에게 큰 용기를 준다. 지난 3년간 그녀는 '은둔형 외톨이'의 삶을 유지했다. 집 밖으로 나오지 않고 자신만의 좁은 세계와 규칙 속에서 타인과의 소통이 차단된 삶을 살아왔다. 일본에서는 이런 성향을 보이는 사람들을 '히키코모리'라 이름 붙이기도 했다. 그만큼 은둔형 외톨이가 늘어나고 있다는 소리다.

사람들과의 관계에서 상처 받았지만 그 마음을 표현하거나 위로받

·

을 수 없을 때 우리는 타인과 맺고 있던 관계의 끈을 차단하고 어디론가 숨어버리고 싶어진다. 자신을 드러내기가 두려워지는 것이다. 그러다 보면 상처는 아물지 못하고 점점 더 커지며 타인 앞에 서는 두려움 또한 더 커져간다. 가족에게조차 자신을 드러내기 어려워했던 그녀처럼 말이다.

그녀는 사람 사이의 상처에서 최대한 안전해지기 위해 최소한의 접촉만을 유지하는 삶을 산다. 그러나 남자 김 씨가 허수아비를 세워두고 말을 붙였던 것처럼, 사람을 그토록 두려워하는 그녀마저도 관계를 향한 욕구는 어찌할 수 없었던 것 같다. 그녀가 하루 중 가장 많은 시간을 할애한 것이 바로 '타인의 삶을 훔쳐보기'였기 때문이다.

클릭 하나로 모든 소통이 가능한 시대에 이르렀지만 우리에게는 직접적이고 인간적인 소통과 교류가 더 어렵게만 느껴진다. 이 시대를 사는 우리는 외롭고 고독하고 현실이 불만스러울 때마다 클릭 뒤로 숨어버리고 클릭을 통해 타인의 삶을 훔쳐보게 된다.

영화 속 그녀의 모습에서 우리는 우리 안의 히키코모리를 엿볼 수 있다. 미니홈피를 통해 자신을 과장되게 드러내고, 진짜 일촌보다는 인터넷상의 일촌들에게 더 친절하고, 상처 받을까봐 두려워 친밀하고 깊은 관계를 맺기 꺼려하고, 리플이 없을 때마다 소심해지는 우리의 모습 말이다. 위태로운 순간마다 우리에게 손 내밀어주는 사람이 없을 때 우리 안의 히키코모리는 커갈 수밖에 없다. 가상현실 속을 표류하며 현실에 부딪칠 힘을 점점 잃어가는 것이다.

우리 삶은 지금 어디쯤
표류하고 있을까

▌그와 그녀의 이야기는 점점 더 희미해져가는, 그래서 더 절실해진 관계 속 소통을 이야기한다. 우리가 막다른 골목이나 절망의 벼랑 끝에 섰을 때도 우리의 마음을 알아주고 이해해주는 단 한 사람과의 관계가 건재하다면 그 관계에 기대어 제대로 살아볼 희망과 용기를 얻게 된다.

'hello, how are you, thank you'와 같은 타인과의 사소한 메시지 교류를 통해, 용기를 내어 과거는 흘려보내고 오늘을 버텨내고 내일을 꿈꾸는 주인공들의 모습은 이를 잘 보여준다. 절망의 끝에서 스스로 희망을 개척해나갈 힘을 찾은 남자 김 씨나, 가상의 끝에서 자신에게 힘과 용기를 주는 타인이 존재함을 깨달아가는 여자 김 씨는 우리들의 표류하는 심리적 삶에 독특한 방식으로 질문을 던진다. '당신의 삶은 지금 절망과 희망, 가상과 현실 사이 어디쯤에서 표류하고 있는가?'라고.

다른 사람과의 관계가
불편해 혼자 있고 싶어진다면

최근 직장을 그만둔 I 씨는 여자친구와도 헤어졌다. 여자친구는 이별을 원하지 않았지만 그는 이렇게 말했다. "널 좋아하지만 안 되겠어. 내가 자의식이 너무 강해." 그에게 자의식이 강하다는 것은 다른 사람의 시선을 크게 의식한다는 뜻이다. 그가 직장을 그만둔 것도 다른 사람과의 관계에서 불편함을 느끼기 때문이었고, 이제 직장을 다니지 않게 되니 누군가를 사귀는 것마저 불편해졌다.

그는 요즘 누군가를 직접 만나기보다는 인터넷을 통해 관계 맺는 것이 더 편안하다고 한다. 다른 사람 눈치 보는 게 싫으니 혼자서 일할 수 있는 직업을 찾고 있다. 그는 영화 〈김씨 표류기〉에서 섬에서 표류 중인 남자 김 씨나 가상공간에서 표류 중인 여자 김 씨처럼 타인과 부딪치고 교류하며 상황을 변화시키고 이겨나가기보다는 자신이 만든 세계 속에 혼자 있기를 더 좋아하는 그런 사람이다.

그가 말하는 '강한 자의식'에 대해 심리학자들은 '공적 자기의식public self-consciousness'과 '사적 자기의식private self-consciousness'으로 나누어 설명한다. 공적 자기의식이 높은 사람은 다른 사람들의 시선과 반응에 더 민감하고, 사적 자기의식이 높은 사람은 자신의 생각이나 동기 등 내적인 면에 더 관심을 쏟는다는 것이다.

우리는 누구나 혼자 있을 때와 다른 사람이 옆에 있을 때 조금씩 다르게 행동한다. 혼자서는 편하고 자연스럽게 하던 행동도 누군가가 옆에 있으면 조심스러워진다. 그런데 공적 자기의식이 너무 높다보면 관계는 불편하고 갑갑해진다. I 씨는 공적 자기의식이 지나치게 높은 사람일 가능성이 크다. 다른 사람 눈치를 많이 보고 자신보다는 타인이 생각하는 것을 따르려다보니 모든 관계가 불편하게 느껴지는 것이다.

일본의 심리학자 사카이 고우 교수는 이와 관련해 재미있고 간단한 실험을 했다. 사람들에게 자신의 이마에 'E'자를 쓰게 해보면 공적 자기의식이 높은 사람인지 아니면 사적 자기의식이 높은 사람인지 알 수 있다고 한다. 자신이 보는 방향에서 E자를 쓰는 사람은 사적 자기의식이 높은 반면, 타인이 보는 방향에서 E자를 인식할 수 있도록 좌우를 뒤집어 쓰는 사람은 공적 자기의식이 높을 가능성이 크다는 것이다.

우리는 타인의 시선과 평가를 전혀 의식하지 않고는 살 수가 없다. 그래서 때로는 타인의 시선이 갑갑하게 느껴지고 거기에 연연하는 자신이 싫어지기도 한다. 그러나 어느 정도의 두 가지 자기의식은 필요하다. 타인을 배려하고 의식하는 동시에 자신이 원하는 것을 시도함으로써 공적 자기의식과 사적 자기의식 사이에 균형을 맞출 때 타인과 함께하는 것이 편해질 수 있다. 사람들을 만나는 것이 점점 불편하다면 혹시 내가 다른 사람의 시선을 너무 크게 의식하고 있지는 않은지 한번쯤 돌아볼 필요가 있다.

강박이
사랑을 만나다

이보다 더 좋을 순 없다
As Good As It Gets

밥맛 없는 남자와 절박한 여자,
비참한 게이의 행복 여행

여기, 한 남자가 있다. 그는 타인과의 접촉을 최소화하기 위해 "비켜"라는 말을 주문처럼 연발하면서 초초하게 걷고, 병균 걱정 때문에 장갑을 끼어야 택시 손잡이를 만질 수 있고, 누군가가 입었던 외투는 입지 못하고, 타인의 침입을 막기 위해 다섯 개의 문고리를 두 번씩 확인하며 잠그는 남자다.

그는 항상 같은 식당, 같은 자리에서 같은 종업원이 같은 음식을 가져다주어야 한다고 생각하고, 그 음식조차 자신이 준비한 포크와 수저로 먹어야 한다. 한마디로 모든 것이 철저히 자신의 통제하에 흘러가야 직성이 풀리는 사람이다. 그뿐 아니다. 자신만의 세계에 문을 두드리는 사람이 있으면 가히 최악이라 할만한 무신경한 말을 내뱉어 사람들이 경멸을 눈빛을 보내며 스스로 나가떨어지게 만든다. 만약 이런 사람이 우리 주변에 있다면 괴짜라고 부르거나 밥맛없다고 손가락질하기 딱 좋을 것 같다.

그리고 한 여자가 있다. 그녀는 겉으로는 상냥하고 애정이 많은 것처럼 보인다. 그러나 그 상냥함은 병을 달고 사는 아들과 늙은 홀어머니를 부양해야 하는 무거운 책임감을 완벽하게 덮어버리지 못한다. 그녀는 억척스럽게 일을 하지만 그녀가 삶에서 느끼는 공허함과 외로움 그리고 비참함은 너무 크다. 그녀는 사랑하는 사람들에게 아낌없이 퍼주면서도 정작 자기 안에는 점점 더 커져가는 구멍이 무시할 수 없을 지경에 이르렀다는 것을 알고 있다. 그리고 그 구멍을 채워줄 누군가를 가슴 절절이 갈망한다. 그녀는 운이 별로 좋지 않다. 그녀 인생에는 하루하루 해결하고 넘어가야 할 위급사항들이 줄줄이 소시지처럼 이어져 있어, 낭만적인 금요일 밤의 데이트 따위는 비집고 들어갈만한 공간이 없으니 말이다.

마지막으로 뒤로 넘어져도 코가 깨지는 지지리 복도 없는 게이 남성 화가가 있다. 그는 모든 사람이 가슴속에 품고 있는 휴머니즘이 밖으로 내비치는 바로 그 순간을 포착하여 초상화를 그리고, 이 행위를 통해 삶의 에너지를 얻는 사람이다. 그러던 그는 한순간에 모든 것을 잃게 된다. 거리에서 우연히 그림 모델로 발탁한 부랑아에게 습격을 당해 집도, 전시회도 날아가고 잘생긴 얼굴도 프랑켄슈타인처럼 금이 갔다.

그의 인생은 이제 엉망진창이다. 이렇게 인생이 바닥을 칠 때 곁에서 이야기를 들어주고 위로해주거나 현실적인 도움을 주는 친구도 없다. 오랫동안 연락을 끊고 살았던 부모님과의 관계는 원수만도 못하다. 그중에서도 그를 가장 비참하게 만드는 것은 그렇게 사랑하고 예뻐했던 애완견조차 달라진 그의 모습 때문에 자신을 멀리한다는 사실이다. 그의 예술적 가치도 습격 사건을 통해 모조리 사그라진 것처럼 보인다.

사랑에 빠진
강박증 환자

영화 〈이보다 더 좋을 순 없다As Good As It Gets〉는 이렇게 언뜻 보기에는 전혀 어울리지 않을 것 같은 세 사람, 밥맛없는 남자와 절박한 여자, 그리고 비참한 게이를 한 대의 스포츠카에 태우고 행복을 찾는 여행을 떠나보낸다. 여행은 성장과 변화의 메타포를 품고 있다. 그리고 그 여행을 통해 세 명의 주인공은 모두 '이보다 더 좋을 수 없는' 행복을 찾게 된다.

여주인공 캐럴(헬렌 헌트 분)은 마음속에 커다랗게 자란 구멍을 메울 수 있었고, 화가 사이먼(그레그 키니어 분)은 예술적인 창조의 장작을 다시 지핌으로써 인생의 끝자락에서 소생한다. 남자 주인공 멜빈(잭 니컬슨 분)은 '재수 없는 남자'에서 '로맨틱한 남자'로 눈부신 성장을 한다.

이 중 멜빈의 성장은 특히 주목할만하다. 영화 전반에 보이는 그의 기묘한 행동은 강박장애OCD: Obsessive Compulsive Disorder의 징후를 여실히 보여준다. 규칙성, 고집, 감정적 억제, 완고함, 완벽주의, 융통성 없음 등 인격 장애의 모든 특성이 그의 생활 전반에 골고루 묻어난다.

철저하게 짜인 자기만의 기준에 따라 세상을 살아가는 이런 사람들은 상황을 통제하지 못할 때 일반적인 사람보다 훨씬 큰 불안을 느낀다. 그래서 다른 사람이 보기에는 사소하고 성가셔 보이는 다양한 규칙을 정하고 이를 철저히 고수함으로써 어느 정도의 통제감과 안정감을 얻는다. 그들은 이런 행동을 끊임없이 반복할 수밖에 없다. 그들의 규칙이 스스로를 불편하게 만들고 주변 사람들의 눈총을 받게 한다고 해도 이들의 세계에서 그런 사소한 규칙은 절대적인 힘을 발휘한다.

영화는 규칙성에 대한 그의 강박적 행동을 무심하게 나열하며 '이런 사람도 인간미와 로맨스를 향유할 수 있을까?'라는 질문을 던진다. 그러고는 가망 없어 보이는 그의 괴팍한 모습 안에 잠자고 있던 인간미와 로맨스를 흩뿌리며 결국에는 '충분히 가능하다'는 답으로 우리를 안내한다.

사실 멜빈의 변화는 무에서 유를 창조하는 극적인 과정이라기보다, 강박적 행동 아래 감춰져 있던 그의 특성이 재조명되는 과정이라 할 수 있다. 왜냐하면 그의 행동 이면에 숨어 있는 마음을 자세히 들여다보면 그도 다른 사람과 마찬가지로(혹은 다른 사람보다도 더) 마음 붙일 누군가를 갈망하고 있음을 느낄 수 있기 때문이다.

그의 마음속
따뜻한 씨앗

사실 영화 초반부터 멜빈의 마음속에 있는 따뜻한 씨앗은 그냥 지나칠 수 없을 만큼 분명히 드러난다. 겉으로 보기에는 퉁명스럽게 말대꾸를 남발하고 독설을 쏟아내기 바쁜 것처럼 보이지만 그런 겉모습은 방어적인 태도에 불과하다. 자세히 살펴보면 우리는 그가 보통 사람들보다 더 마음이 따뜻한 사람이라는 사실을 느낄 수 있다.

멜빈이 사이먼과 캐럴을 대하는 태도를 보자. 그는 살갑게 지내던 사람들이 모두 떠나고 홀로 고통 속에서 싸우는 여자와 화가에게 꼭 필요한 무언가를 제공한다. 남들은 모두 "돕고 싶다. 걱정한다. 기도해주겠다"라는 말을 입버릇처럼 하면서도 정작 필요할 때는 도움을 주지 않는 반면 그는 밥맛없게 잔소리를 하고 깐죽대면서도 이들이 필요로 하는 것을 생색내지 않고 넉넉히 채워준다. 그래서 그의 마음에는 더 큰 진정성이 담겨 있는 듯하고 그의 행동은 더 감동적이다.

게다가 우여곡절 끝에 사이먼의 애완견을 맡아 기르다가 쉽게 정이 들어버려서 떠나보낼 때 남몰래 눈물 훔치는 모습을 보라. 그는 작은 이별에도 쉽게 흔들리는 여린 사람이다. 어쩌면 그 누구보다도 타인과의 경계를 허물고 진정으로 소통하기를 희망하며 살아왔는지도 모른다.

마음의 문을 열고 나오기까지

영화는 멜빈의 견고한 세계에 균열이 생기기 시작해서 결국 자기만의 껍질을 깨고 밖으로 나오는 과정을 흥미롭게 그리고 있다. 맨 처음 그의 껍질 문을 두드린 것은 사이먼의 애완견이었다. 그는 자신에게 호의적인 태도를 가지고 접근해오는 여자를 말 한마디로 등 돌리게 만드는 놀라운 능력을 지녔지만, 애완견을 대하는 태도를 보면 사실 다른 대상을 진정 혐오하고 기피하는 것은 아님을 알 수 있다.

그리고 캐럴을 만나면서 로맨스와 강박증이라는, 전혀 어울리지 않아 보이는 두 요소의 결합이 이루어진다. 로맨스는 자신의 얇은 속살을 드러내고, 예측 불가능한 상황을 감내하며, 견고했던 원칙들을 유연하게 만들어야 한다는 점에서 강박증과는 정반대다. 결국 그는 자신의 마음속에 로맨스를 허락하고 이를 실행하는 과정에서 스스로 어렵게 유지해오던 세계를 깨고, 규칙을 어긴다. 지금까지 자신의 세계를 익숙하게 유지해주던 규칙과 통제를 버리고 소통과 친밀감을 향해 나아가는 것이다. 결코 쉬운 과정은 아니다.

그는 처음에는 불안해하고 동요하고 혼란스러워한다. 그리고 결정적인 순간에 생뚱맞은 말을 던져 무르익은 분위기를 산산조각 내는 실수를 범하기도 한다. 사실 이는 실수라기보다는 오랜 습관에 가깝다. 그러나 이제 그는 예전의 괴팍한 모습을 고수하지 않고, 자신의 실수를 정정하고 어렵게 스스로를 변화시키기로 마음먹는다. 자신의 진짜 마음을 타인에게 전하고 누군가와 함께하는 법을 배워가는 것이다. 이제 그도 타인과 손잡고 함께 갈 수 있으며 금을 밟아도, 문을 꽁꽁 잠그지 않아도, 장갑을 끼지 않아도 당장 어떤 두려운 일이 일어나는 것이 아님을 배운다. 멜빈을 보면 성장과 변화는 유아기와 사춘기뿐 아니라 언제라도 충분히 가능하다는 것을 알 수 있다.

나를 자유롭게
풀어주는 법

영화는 멜빈과 다른 인물들의 변화 과정을 통해 타인에 대한 이해와 신뢰가 사람과 사람 사이에서 어떤 방식으로 전개되는가를 보여준다. 이는 소통의 밑거름이 되는 중요한 요소다. 멜빈만큼은 아닐지라도 우리는 다른 사람들이 이성적으로 이해하기 힘든 사소한 규칙들로 자신의 세계를 묶어두곤 한다. '이러면 안 된다. 저래야 된다'는 일상의 사소한 규칙들은 우리를 보호하고 타인과의 관계를 유연하게 만들어주기도 하지만 어떤 경우에는 우리의 행동 범위에 큰 제약을 가하고 우리를 경직하게 만든다. 그래서 이런 틀이 강한 사람들은 로맨스를 어려워하고 기피한다. 누군가와 함께하기 위해서는 우리 안의 규칙들을 수시로 재정비하고 가지치기할 필요가 있는 것이다.

우리는 캐럴의 모습에서도 우리 안의 어떤 면을 마주하게 된다. 겉으로는 웃음과 당당함으로 자신을 무장하지만 속으로는 누군가에게 기대어 울고 싶다. 그래서는 안 될 것 같아 하루하루를 위태롭게 연명해나가기도 한다. 모든 것을 다 떠안되 자신에게만은 지나치게 엄격한 캐럴에게도 누군가 의지할 사람이 필요했다. 마찬가지로 지금 겉으로는 잘 견디고 있는듯 보일지라도 우리 모두에게는 힘들 때 기대어 울 누군가가 필요하다.

사이먼의 이야기가 우리들 삶에 적용되는 부분 또한 크다. 영화 속에서 사이먼은 믿었던 사람들에게 공격받고 상처를 받지만 절망 속에서 그를 구원해주는 것도 사람이라는 점을 알게 된다. 누군가와 소통하는 데는 시간과 마음을 들여야 할 뿐 아니라, 배신당할 수도 있고 상처 받을 수도 있다는 위험을 감수해야 한다. 그리고 이 모든 것을 이기고 누군가와 함께할 때 우리는 더 큰 행복을 만나게 된다.

이 영화가 펼치는 멜빈과 캐럴, 사이먼의 행복 찾기 여행은 결국 사랑의 힘으로 여정을 끝맺는다. 멜빈은 사랑에 빠진 세상 모든 이들이 느끼는 벅찬 감격을 단 한마디로 정리한다. "당신을 만나 더 나은 사람이 되고 싶어졌다You made me want to be a better person"고.

그렇다. 우리는 사랑하는 누군가를 위해 우리에게 익숙했던 이런저런 방어막을 기꺼이 내려놓고 너와 나를 포개는 관계 속에 두려움 없이 스스로를 투신하며, 그 안에서 끝없이 성장해간다. 구제불능의 강박증도 사랑 앞에서는 가볍게 KO패를 당한다. 사랑에 빠진 사람들이 왜 예뻐지고 행복해지며 성장하는가를, 그리고 이를 바라보는 우리의 마음이 왜 따뜻해지는가를 영화 〈이보다 더 좋을 순 없다〉는 진부하지 않게 그려낸다.

어떤 모습을 보일 때 강박증이라고 할까?

우리가 영화 속 멜빈을 보면서 재미있다고 느끼는 것은 그의 극단적인 행동 속에서 나를 발견하기 때문이 아닌가 싶다. 문이 잠겼는지 여러 번 확인하거나 식당에서 유난히 깔끔을 떠는 등, 우리도 남들이 보기에는 아무것도 아닌 일에 과도하게 신경을 쓰거나 안절부절못하는 경우가 있다. 그런데 강박성이란 왜 나타나는 것일까? 그리고 어떤 때에 강박장애를 의심해볼 수 있을까?

강박성은 불안이라는 감정과 깊은 관련이 있는데 유전적으로 불안한 기질을 타고났을 수도 있고, 불안감을 주입하는 부모 밑에서 자랐을 수도 있고, 심한 불안을 주는 상황을 경험한 뒤 방어적인 된 것일 수도 있으며, 이 모든 원인이 결합되어 나타나기도 한다. 누구나 약간은 강박적인 행동을 보일 때가 있는데 그런 생각과 감정과 행동이 보통 사람보다 정도가 더 심하다고 느껴질 때는 자신이 어떤 상황에서 특히 강박적인 성향을 보이게 되는지 점검할 필요가 있다.

정신의학에서 강박장애는 '불안장애'의 하나로 분류되고 '강박행동'와 '강박사고'로 나누어 살펴본다. 강박행동은 대개 자신을 괴롭게 하는 강박사고를 지우기 위해 나타나는 경우가 많다고 한다. 강박행동이 겉으로 드러나는 모습이라면 강박사고는 더 유심히 살펴보지 않으면 놓칠 수 있는 단서인 셈이다. 스스로 강박증이 있는지 의심하는 사람들은 대부분 영화 속 멜빈처럼 무언가를 자주 확인하고 청결과 오염에 지나치게 관심을 쏟거나 의심하며, 한 가지 결정을 내리는 데도 많은 시간을 들이는 모습을 보인다. 만약 이런 행동이 지나쳐서 일상생활 전반에 문제가 생길 때는 강박증을 의심해볼 수 있다.

또한 강박행동이 심해지는 것을 막기 위해서는 행동 밑에 깔린 불안과 사고를 잘 들여다보아야 한다. 영화 속에서 멜빈의 강박행동 밑에 어떤 불안이 깔려 있는지는 알 수 없지만 강박행동은 그를 고립시켰고 그를 더 불안하게 했을 것이다. 그리고 그럴수록 그는 불안을 통제하기 위해 더 강박적인 행동을 계속했을 것이다.

심리치료를 통해서조차 고치지 못했던 그의 강박행동이 캐럴을 만나면서 서서히 사라졌다는 사실은 강박을 해결하는 데 무엇이 필요한지를 잘 보여준다. 그것은 바로 타인과의 '관계'다. 불안을 스스로 견디고 타인과 나눌 수 있을 때야만 우리 안의 강박증은 사라진다.

겉으로 드러난 우리의 모든 특성들 가운데 이유가 없는 것은 없다. 이유를 탐색해보면 결국 엉킨 실타래가 풀리듯 원인과 결과 사이의 화살표가 선명하게 보일 것이다. 그 화살표를 따라 원인을 해체할 때 우리를 힘들게 하는 특성은 힘을 잃고 우리를 강하게 하는 특성이 살아날 수 있다. 이를 위해 필요하다면 전문가의 도움을 받는 것도 좋은 방법이다.

마음까지
핸섬해집시다

핸섬★수트

ハンサム★スーツ

남자도 예뻐야
사랑받는다

아름다움은 예로부터 여성의 고유한 영역이라고 여겨졌다. 거울 앞
에서 더 많은 고민을 하는 사람도, 더 크게 욕망하기에 더 취약했던 쪽
도 여성이었다. 그러나 시대는 달라졌다. 이 시대는 남성들까지 아름
다움의 심판대에 세운다. 꽃미남과 짐승돌이 판을 치는 세상에서 한쪽
에서는 외모 때문에 추앙받는 남성들이 나타났고, 또 반대로 외모 때
문에 차별받는 남성들도 생겼다. 잘 다져진 근육질 몸매나 고운 피부
의 매끈한 얼굴, 세련된 패션 감각을 갖추지 못한 남성들은 슬슬 위기
의식을 느낀다. 언젠가는 "키 180 이하는 루저"라는 누군가의 발언에
남성들이 집단적으로 발끈하기도 했다. 이제 남성들도 거울 앞에서 한
없이 취약해지는 깨질듯한 자의식을 드러내고 있다. 남성들 역시 외모
로 가차 없이 처벌받거나, 또 외모로 열렬히 추앙받을 수 있다는 것을
피부로 느끼기 시작한 것이다.

이 모든 배경을 등에 업고 만들어진 영화가 바로 〈핸섬★수트ハンサム
★スーツ〉다. 〈미녀는 괴로워〉가 외모지상주의 속 여성의 심리를 드러냈
다면, 이 영화는 그 남성 버전이다. 성형만 하면 더 성공적이고 행복한
인생을 살 것이라는 달콤한 유혹을 이야기한 〈미녀는 괴로워〉처럼 〈핸
섬★수트〉는 입기만 하면 머리끝부터 발끝까지 매력이 넘치게 해주는
기묘한 옷에 대한 남성들의 판타지를 그린다. 〈미녀는 괴로워〉에서는

추녀인 한나가 미녀 제니로 거듭났다면 〈핸섬★수트〉는 추남인 타쿠로가 미남인 안넌이 되면서 생기는 일들을 보여준다. 추녀에서 미녀로의 변화만큼이나 추남에서 미남으로의 변화 역시 극적이다.

못생긴
그의 외모 혁명

▌타쿠로(츠가지 무가 분)는 서른세 살의 요리사다. 그는 '180 이하는 루저'라는 기준조차 들먹일 필요 없는 작은 키에 짧고 굵은 목, 커다란 주먹코에 새우 눈, 근육이라고는 찾아볼 수 없는 물렁하고 통통한 몸 등 추남으로 분류될 수 있는 모든 요건을 갖췄다. 사람들은 그가 못생겼다고 놀리거나 기피한다.

그중에서도 그를 가장 슬프게 하는 것은 여자들의 태도다. 여러 번 고백했다가 차였고 고백하기도 전에 도망친 여자도 많았다. 그가 재채기라도 하면 주변에 있던 사람들은 모두 도망가고 못생긴 외모 때문에 자주 치한으로 몰리기도 한다.

그런데 사실 그를 추남으로 만드는 것은 태생적인 외모만은 아니다. 이 시대가 남성에게 요구하는 세련미와는 동떨어진 고지식한 매너가 그를 더 못나 보이게 만든다. 썰렁한 유머와 부모님 세대나 알아들을 법한 사투리, 아무데서나 코를 후비는 행동 등이 그렇다. 그는 어머니가 물려주신 가게를 그대로 운영하기 위해 어머니의 방식을 고수하고 가격조차 올리지 않는다.

그런데 그토록 고지식한 남자가 즐겨듣는 음악은 모순적이게도 〈My Revolution〉, 바로 '나의 혁명'이라는 곡이다. 추한 외양에 갇혀 살아가는 그의 마음속 깊은 곳은 변화를 넘어 혁명을 열망하고 있었던 것이다. 입기만 하면 황홀할 만큼 핸섬하게 만들어주는 '핸섬 수트'는 지지리도 못난 삶, 사람들의 가혹한 차별에서 벗어나고 싶었던 그에게 꼭 필요한 혁명을 만들어줄 것만 같다.

아름다움과 행복에 대한 잘못된 귀인 방식

영화는 다소 작위적이고 과장된 방식으로 타쿠로가 경험하는 모든 문제가 못생긴 외모 탓이라고 이야기한다. '외모 귀인'을 하는 것이다. '귀인attribution'이란 어떤 결과의 원인을 규명하는 방식이라 할 수 있다. 지나치게 외모 귀인을 하는 사람들은 누군가에게 거절당하는 것은 못생겼기 때문이고, 환영받는 것은 예쁘거나 잘생겼기 때문이라고 생각한다. 사실 못생겼다고 언제나 거절당하는 것도, 잘생겼다고 언제나 환영받는 것도 아닌데 말이다.

타쿠로는 외모 때문에 겪은 시련과 상처가 너무 크고 충격적이었기에 자신이 경험하는 많은 문제와 어려움에 대해 지나치게 외모 귀인을 한다. 주변 사람들 역시 그의 모든 문제를 외모 탓으로 돌린다. 이런 영화적 설정은 주인공 타쿠로의 실제라기보다는 심리적으로 겪는 현실이라고 할 수 있다. 그의 문제는 못생긴 외모 자체라기보다, 외모에 대한 주변의 평가를 주관적으로 경험하는 방식의 문제인 것이다.

주인공 타쿠로의 주관적인 삶 속에서는 추남과 미남의 차이가 그처럼 현격히 달랐다. 그의 세상에서는 '추남=불행,' '미남=행복'이라는 이분법적 공식이 완전히 들어맞는 것처럼 보였을 것이다. 그런 렌즈로 세상을 보면 세상은 그 공식대로 흘러가는 것처럼 보인다. 그 공식에 들어맞는 일들이 더 크게 다가오기 때문이다. 그는 많은 것을 '자신이 추남이기 때문'이라고 결론짓는다. 마음에 두고 있던 미녀 아르바이트생에게 고백했다가 차이고 난 뒤에도 그런 이분법적 공식에 맞춰 자신이 못생겼기에 거절당했다고 생각한다. 그래서 그는 결국 고민의 해결책으로 핸섬 수트 개발자의 제안에 응하게 된다.

나를 버리지 않음으로써 얻는 행복

외모지상주의 시대의 최고 상품인 핸섬 수트 덕분에 이제 그는 꿈에 그리던 완벽한 외모를 가지게 된다. 잘생긴 외모는 지난날의 설움을 한방에 날릴 만큼 짜릿한 행복을 선사한다. 그를 보는 사람들의 시선은 완전히 달라졌다. 이제는 재채기를 해도 아무도 피하거나 경계하지 않는다. 어디를 가나 좋은 평가와 서비스를 받는다. 모델이 되었고 모델 여자친구도 생겼다. 못생겼을 때는 그의 모든 행동을 촌스럽게 평가했던 사람들이 이제 그의 오두방정마저 멋지다고 말한다. 평생 해보고 싶었으나 비난을 살까 두려워 못했던 윙크도 날릴 수 있다. 핸섬하다는 것은 이렇게 기분 좋은 일이다.

영화는 핸섬 수트를 입지 않았던 타쿠로의 생활과 핸섬 수트를 입은 안넌의 이중생활을 통해 미남의 삶과 추남의 삶을 비교한다. 마치 샘플 화장품을 써보듯 핸섬 수트를 시험 착용해본 타쿠로는 둘 가운데 하나를 선택해야 하는 순간을 맞는다. 굳이 옷을 입었다 벗었다 할 필요 없이, 그리고 굳이 추남의 삶을 병행할 필요 없이, 이제 완전히 미남으로만 살 수도 있는 것이다. 단, 미남이 되기 위해서는 추남의 삶을 완전히 포기해야 한다는 조건이 따른다. 타쿠로는 어떤 선택을 했을까?

타쿠로의 핸섬 수트는 우리 삶을 컴퓨터 끄듯 마감하고 순식간에 완전히 새롭고 전보다 더 나은 삶을 시작하게 해주는 '새로 고침' 버튼과 같다. 이와 관련해 1990년대 일본에서는 '리셋 증후군'이라는 병리현상이 사회적 문제가 된 적이 있다. 컴퓨터 속 가상세계처럼 우리 삶도 얼마든지 다시 시작할 수 있다고 믿는 현상이 대두된 것이다. 외모를 바꿈으로써 모든 것을 전부 다시 시작할 수 있다는 착각을 준다는 점에서 그가 얻게 된 핸섬 수트 역시 리셋의 유혹을 의미한다.

처음에 타쿠로는 못생겼을 때 경험했던 설움과 거절을 생각하고 리셋의 달콤한 유혹을 받아들여 잘생긴 안넌의 삶을 선택한다. 하지만 결국 안닌으로 살면서 누리는 짜릿한 행복보다 타쿠로의 삶에 잔잔히 흐르던 소소한 행복이 더 소중하다는 것을 깨닫는다. 행복이 반드시 잘생긴 외모에서 오는 것이 아님을 깨닫고 그는 원래 자신의 모습으로 돌아간다.

　세상에는 리셋 버튼을 가장한 솔깃한 제안들이 넘쳐난다. 하지만 외적 변화는 우리 삶의 근본적인 리셋 버튼이 될 수 없다. 로또 복권에 당첨되어도, 갑작스러운 사고로 불구가 되어도, 일정 기간이 지나면 그 삶에 적응하고 이전과 같은 일상의 행복과 불만들을 느끼게 된다는 연구 결과가 있다. 이는 핸섬 수트를 입어도 마찬가지일 것이다. 우리에게 필요한 것은 크고 찬란한 변화가 아니다. 지금 가진 것에 만족하고 표면 밑에 깔린 본질을 응시할 줄 아는 마음의 혁명이 진정한 행복 아닐까.

잘되면 내 탓, 안되면 상황 탓?

영화 속 타쿠로는 처음에는 심각한 외모 귀인을 했다. 거절당하고 불행한 일이 생기는 것은 못생긴 탓, 환영받고 행복한 것은 잘생겨진 탓이라 생각한 것이다. 이러한 사고방식은 그를 힘들게 하고, 급기야 그는 자신을 완전히 버리고 잘생긴 안닌의 삶을 선택하기에 이른다.

우리의 귀인 패턴 역시 자세히 살펴보면 결함과 균열이 발견된다. 사건과 문제의 원인을 규명하는 귀인 방식에 따라 대응 방식도 달라지기 때문에 잘못되거나 극단적인 귀인 방식은 수정해야 할 필요가 있다. 잘못된 귀인 방식이 주는 부정적인 면은 크게 개인적인 차원과 사회적인 차원에서 살펴볼 수 있을 것 같다.

먼저 개인적 차원에서는 이런 사고방식 때문에 불평불만을 일삼는 경우가 생겨난다. 이들은 자신이 겪는 어려움을 놓고 과도하게 '상황 귀인'을 한다. 지금 우울하거나 절망적인 것은 자신을 그렇게 만드는 타인이나 상황이 있기 때문이라고 말한다. 스스로 책임감을 느끼며 괴로워하기보다는 합리화를 통해 마음을 편안히 하고 싶은 심리 때문일 것이다.

문제는 이렇게 귀인을 하다보면 타인이나 상황이 바뀌지 않는 한 이들이 우울과 절망에서 벗어나기가 어려우며 최소한의 노력조차 하지 않게 된다는 데 있다. 못생긴 외모 때문에 여자들에게 거절당하는 것이니 잘 생긴 외모로 바뀌어야만 사랑받을 수 있다고 생각했던 타쿠로처럼 말이다. 사회적 병폐를 일으키는 귀인도 있다. 지금 이 순간에도 인터넷에 오르고 있는 수많은 악플들을 생각해보라. 이런 악플들을 살펴보면 대부분 특정 집단에 대한 악의적인 귀인 패턴이 여실히 나타난다. 상황에 주목해야 할 때조차 특정 집단의 특성으로 귀인을 한다. 이런 귀인 오류가 집단적으로 퍼져나갈 때 그릇된 신념이 세워지고 이는 특정 집단에 대한 차별과 혐오범죄의 원인이 된다.

인종 편견을 연구했던 심리학자 토머스 페티그루Thomas Pettigrew는 잘못된 귀인 패턴 때문에 특정 집단 사람들을 혐오하고 근거 없이 부정적으로 평가하는 현상을 '극단적 귀인 오류'라 이름 붙이기도 했다. 그의 실험에 따르면, 같은 행동을 해도 백인보다는 흑인의 폭력성에 사람들이 더 주목하고 '흑인들이 원래 폭력적이기 때문'이라고 귀인을 하는 경향이 있다고 한다.

개인적 차원의 잘못된 귀인 패턴이 개인의 행복과 건강을 해치고 자신의 문제에 대한 책임과 주체성을 빼앗는다면, 사회적 차원에서는 집단 간의 소통과 조화를 해치고 심각한 차별을 일으키는 원인이 되는 것이다. 인생을 살다보면 원인과 결과를 선명하게 밝히기가 힘들고 타인의 행위에 깔린 진짜 이유가 무엇인지 쉽게 파악하기 어려운 경우가 많다. 그런 삶의 무게를 혼자서 감당하기는 어렵기에 불평불만에 휩싸여 실컷 남 탓을 하고 싶을 때도 많다. 그럴 때마다 우리는 잘못된 귀인의 유혹에 쉽게 빠지게 된다.

이때 우리는 기억해야 한다. 심리치료 과정에서 일어나는 중요한 변화 요인 가운데 하나가 바로 이런 잘못된 귀인 방식을 바꾸고 삶의 관점을 조금 달리하는 것이라는 사실을 말이다. 그럴 때 우리 삶에 주체성과 통제력을 되찾게 되고, 보이지 않던 타인의 진심을 받아들이게 되어 우리 삶은 더 편안하고 풍요로워진다. 자신에 대한 관점을 바꿈으로써 소소한 삶의 행복을 되찾은 타쿠로처럼 말이다.

Chapter 3

관계와 소통

관계와
소통

시대가 은폐하는
진실을 찾아서

체인질링
Changeling

우리를 보호해줄 두 개의 건물,
정신병동과 감옥

사회는 위험한 개인을 격리하고, 다수의 선한 사람들을 보호하기 위해 두 개의 건물을 세웠다. 하나는 정신병동이고 다른 하나는 감옥이다. 그런데 가끔은 그 두 개의 건물에 갇혀 있어야 할 사람들은 사회에 나와 있고, 사회에 있어야 할 사람들이 그 안에 갇히는 모순이 발생하기도 한다. 이러한 모순은 우리에게 불안감과 더불어 의구심을 던져준다. 과연 저 두 건물은 우리를 안전하게 해주는가? 혹시 더 큰 불안과 위협을 조장하지는 않는가?

미국의 심리학자 데이비드 로젠한David Rosenhan은 이 질문을 해결하기 위해 정신병동에 관한 실험을 했고, 그의 실험 결과 우리의 불안과 위협감이 어느 정도 현실에 바탕을 둔 것임이 드러났다. 그는 사회에서 소위 '정상적으로' 삶을 영위하던 일반인이 정신병동에 입원했을 때, 그곳의 전문가들이 이 사람을 실제 미친 사람들과 구분할 수 있는가를 알아보고자 했다(이 글을 쓰면서 조심스레 말을 고르게 된다. 과연 누가 '정상'이고 누가 '일반인'인가? 그 기준은 절대로 절대적일 수가 없다). 그의 실험에는 다양한 직업군의, 저마다 특성이 다른 사람들이 참여했다. 이들은 며칠 동안 세수를 안 하고 '미쳤다'라는 판정을 받을만한 한 가지 증상을 호소하며 정신병동에 입원했다. 그리고 전문의들이 그들을 어떻게 대하는지, 이들이 실상은 미친척하는 정상인임을 밝혀내는지를 살펴보았다.

결과는 정신과 전문의들이 발끈하여 들고 일어날 정도로 참담했다. 전문가들은 실제 환자와 일반인을 구분하지 못했을 뿐 아니라, 이들의 지극히 정상적인 행동마저 정신질환을 나타내는 징후라는 임상적 진단을 내렸던 것이다. 예를 들어 누군가가 글을 쓰고 있으면 정신분열증의 증상이라고 판단했다.

더 흥미로운 것은 본래 정신병동에 입원해 있던 환자들의 반응이었다. 전문가들이 정상과 비정상의 차이를 구분하지 못하는 와중에도 이 환자들은 미친 사람과 미친척하는 사람의 차이, 즉 '우리' 대 '그들'을 비교적 잘 구분했다고 한다. 로젠한과 실험 참여자들에게 의심의 눈초리를 보내거나, 이들에게 다가가 "당신, 미치지 않은 것 같아. 교수나 기자 아냐?"라고 이야기하는 환자들도 있었다. 참으로 신기한 일이 아닐 수 없다. 진단을 받아야 할 사람들이 본래 진단을 내리던 의사보다 더 예리할 수 있다니 말이다.

누가 누구를
미쳤다고 하는가?

▌ 영화 〈체인질링Changeling〉은 '한 사회 내에서 누가 누구를 미쳤다고 규정할 수 있는가' 하는 화두를 던진다. 그리고 많은 경우 주도권을 쥐고 있는 사람들이 그런 규정을 내릴 수 있는 힘과 권력을 가졌기에, 이들의 진단이 쉽게 어긋날 수 있음을 보여준다. 영화 속 이야기를 따라

가면서 우리는 과학이라는 지식이 공권력에 영합할 때 어떤 비극이 일어나는가를 분명히 읽을 수 있다. 공권력은 성가신 주인공 크리스틴(안젤리나 졸리 분)을 미쳤다고 편리하게 판정해버리고는 소리 소문 없이 정신병동에 가둔다. 결국 진실을 말하는 그녀의 목소리는 새어나올 통로를 잃게 된다.

그녀는 잃어버린 아이를 찾기 위해 노력하는 당연한 모성을 보였을 뿐인데, 그 모성이 공권력과 충돌한다는 이유로 그런 처벌을 내린 것이다. 영화 속에 나타난 공권력이 아이 잃은 엄마에게 저지른 짓은 수상하다 못해 참혹하다. 그들은 자신들만의 감동과 축제를 위해 그녀에게 다른 아이를 안겨주기까지 한다. 자식을 못 알아보는 엄마는 없다. 주인공은 당연히 그 아이를 거부하지만 공권력은 과학이라는 이름으로 그녀의 모성과 직관과 경험과 기억을 덮어버리려고 한다. "엄마가 자기 아이도 못 알아보겠냐?"고 항변하면 "엄마라 너무 감정에 휘둘려 이성적 사고를 못한다"고 비웃고 심지어 "엄마로서 양육의 책임을 회피하는 것이 아니냐"고 비난한다.

그들은 이미 그들만의 답을 쥐고 있다. 그러기에 크리스틴이 내세우는 어떠한 과학적 증거도 그들의 귀에 닿지 못한다. 심리학 용어로 치면 그들은 '확증 편향confirmation bias'에 빠진 것이다. 이미 결론을 내렸기 때문에 거기에 반하는 증거는 거들떠보지 않는 것이다. 로젠한의 실험에서 의사들이 가짜 환자들을 보면서 '이 사람들은 미쳤다'라는 생각

의 틀에 빠져 '이들이 미치지 않았을지도 모른다'는 생각에는 접근하지 못했던 것과도 마찬가지다.

이러한 확증 편향 때문에 정신병동에 대한 우리의 불안과 공포는 가중된다. 실제로 공권력은 그러한 불안과 공포를 이용해서 사회 구성원의 입을 닫아왔다. 정신병동에 갇힌 크리스틴은 자신처럼 공권력에 고개를 저었다는 이유로 사회에서 격리된 다른 여성들을 만나게 된다.

이들의 고통은 과학과 공권력의 비열한 합작품이다. 사회가 그녀들을 미쳤다고 규정함으로써 가두고 입을 막는 동안, 실제로 정신병동이나 감옥에 갇혀야 할 유괴범이나 연쇄 살인범들은 사회 어디에선가 버젓이 자유를 누리는 것이다. 이를 통해 우리는 공권력이 본분을 잃고 자가당착에 빠질 때, 모든 것을 자기 편리한 대로 해석할 때, 그들이 가진 힘을 감시하고 견제해주는 장치가 없을 때, 어떤 일이 일어나는지를 선명하게 볼 수 있다. 그럴 때 무고한 사람이 희생될 수밖에 없으며, 갇혀야 할 사람은 고삐 풀린 망아지처럼 광란의 폭주를 계속하게 된다.

그런 사회에서는 애초에 미치지 않았던 사람도 미치게 된다. 아이를 잃어버린 크리스틴이 피해자로서 합당한 대우를 받지 못하고 오히려 비난받고 격리당하는 모순은 그저 영화 속에만 그치는 것이 아닐지도 모른다. 어쩌면 지금 우리 사회 곳곳에서도 갇혀야 할 사람과 풀려나야 할 사람이 뒤바뀌는 공간적 모순과 역설이 일어나고 있을지도 모른다.

확증 편향이 불러오는
무서운 일들

▌확증 편향의 위력은 그만큼 무섭다. 우리가 모든 증거를 차근차근 확인하지 않고 편의와 이익과 태만에 휩쓸려 정반대 편에 진실이 숨어 있을 가능성을 고려하지 않는다면, 돌이킬 수 없는 심각한 실수를 저지르게 될지도 모른다. 특히 권력을 손에 쥔 사람들은 "힘이 더 클수록 책임감은 더 강해야 한다"던 영화 〈스파이더맨Spiderman〉의 대사를 되새겨야 한다. 우리 사회의 중심을 지탱하고 있는 과학과 공권력은 그 힘이 막강한 만큼 치열하게 고민하며 이끌어나갈 필요가 있다. 그 자리에 앉은 사람들이 본분에만 충실해도 사이코패스나 연쇄 살인범, 성도착증 환자들은 정신병동이나 감방에 안착할 수 있을 것이다.

얼핏 보기에 로젠한의 실험은 정상과 비정상을 가려내는 과학의 권위를 떨어뜨린 것처럼 보이지만, 사실 이 실험이 과학의 테두리에서 시작되었다는 점에서 보면 스스로의 맹점을 자백하는듯하기도 하다. 더불어 이 실험은 정상과 비정상을 구분하는 선이 모호하고 상대적이라는 것을 밝힘으로써 미친 사람에 대한 편견과 공포증을 해소해주기도 했다.

우리가 미쳤다고 생각하는 사람들을 잘 살펴보면 우리 자신의 모습도 투영된다는 사실을 알게 된다. 다만 그들은 우리의 어떤 특성을 확대경처럼 과도하게 보여주거나, 지도처럼 축약해서 나타낼 뿐이다. 우울증은 있어도 비우울증은 없음을 기억하라. 그러므로 '그들'과 '우리'를 나누는 경계란 결코 절대적일 수 없는 모호한 것에 불과하다. 한편으로는 그래서 정신병동과 '미친 사람'이라는 규정에 끝끝내 불안을 떨쳐버리기가 힘들다. 절대적인 경계가 없을 진대 누가 누구를 완벽하게 미쳤다고, 혹은 미치지 않았다고 주장할 수 있겠는가?

하지만 그렇다고 해서 우리 사회가 진단을 내리고, 판결을 하고, 정신병동과 감옥을 세우고, 우리와 그들의 경계를 나누는 행위를 중단할 수는 없다. 우리가 가진 틀에 한계가 있다고 해서 폐기처분 해버린다면, 그나마 그 틀로 보호받던 대다수의 사람들조차 불안과 공포에 떨게 될 수 있기 때문이다. 로젠한의 실험과 〈체인질링〉 역시 그 틀을 폐기처분하자고 이야기하지 않는다. 다만 그 틀의 한계를 인정하고 그것이 불러오는 역설과 모순을 해결해나가는 동시에 더 나은 틀을 고안하기 위해서 우리 모두 각자의 자리에서 최선을 다해야 한다고 말하는 것이다.

경직된 사고방식에서 벗어나려면 어떻게 해야 할까?

편향이란 한쪽으로 치우쳤거나 왜곡된 사고, 감정, 행동을 말한다. 객관적이고 중립적인 근거에 바탕을 두지 않고 성급하게 판단을 내리거나 어느 한쪽 편에 서는 것이다. 이런 편향은 우리가 제대로 판단하고 결정하지 못하게 만들 뿐 아니라 소통을 어렵게 하기 때문에 타인과의 관계 역시 힘들어진다. 편향이 심한 사람과 대화를 하다보면 벽에 막힌듯 갑갑한 느낌이 들기 때문이다.

편향에도 여러 가지 종류가 있다. 앞서 설명한 것처럼 자신이 옳다고 확신하고 그에 합당한 증거만을 받아들이는 '확증 편향' 외에 '행위자 관찰자 편향Actor-Observer Bias'이라는 것도 주변에서 쉽게 접할 수 있다. 이는 '남이 하면 불륜, 내가 하면 로맨스'라는 말처럼, 자신이 한 행동의 원인으로는 상황적 요인을 강조하는 반면 타인의 행동은 기질적 요인으로 평가하는 것을 말한다.

이런 편향은 한번 형성되면 자동적으로 고개를 들기 때문에 편향에서 벗어나기 위해서는 꾸준히 노력할 필요가 있다. 구부러진 마음을 곧게 펼친다는 생각으로 마음의 중립성과 공정성을 유지해야 하는 것이다. 이를 위해 다음 세 가지 연습을 해보자.

1 내 의견과 정반대에 서서 사고하는 연습을 한다

나와 입장이 반대인 사람 편에서 바라보면 이전에는 보지 못했던 것을 발견할 수 있다. 그뿐 아니라 내 사고의 정당성을 확보하기 위해 무엇이 필요한지, 한 가지 사고를 고집할 때 어떤 논리적 결함이 발생하는지를 인식하기 쉬워진다.

2 이해득실에서 벗어나 사고하는 연습을 한다

사람은 저마다 자신에게 유리한 측면을 생각할 수밖에 없기 때문에 완전히 공정성을 유지하기가 어렵다. 그래서 이해득실은 우리의 중립적인 사고를 방해하는 큰 요소가 된다. 최대한 이해득실을 떠나서 사고하는 연습을 한다면 더 유연하고 폭넓은 시각을 갖출 수 있게 된다.

3 나의 생각을 뒷받침하는 근거가 다양한지 주기적으로 점검한다

예를 들어 자신이 지난 1년 동안 읽은 책들이나 기사, 만난 사람들을 점검해보자. 자신의 사고와 판단에 영향을 미치는 출처가 고정되어 있다는 것을 깨닫게 될 것이다. 새로운 사고방식을 제시하는 책이나 정보원, 사람들을 접하기 위해 계획을 세우고 이를 따르자.

너만의 'No'를
말해

작전명 발키리
Valkyrie

사람, 숭고하거나
야만적이거나

사람은 참 오묘하고 신비로운 존재다. 어떤 때는 말할 수 없이 아름다운 고운 빛깔의 마음을 자랑하지만, 또 어떤 때는 상상을 뛰어넘는 참혹한 야만성을 드러내기도 한다. 태초부터 우리는 많은 전쟁을 치렀지만 그중에서도 두 차례의 세계대전은 인간성에 대한 회의감을 크게 증폭시켰다. 그리고 이러한 회의감의 핵심에는 히틀러가 이끈 제2차 세계대전 당시의 독일이 있다.

영화 〈작전명 발키리Valkyrie〉는 온 인류의 상처이자 치부이자 연약함을 적나라하게 드러낸다. 제2차 세계대전 당시 독일의 어지러운 정세를 배경으로 사막처럼 메마른 인류애를 까발리는 동시에, 그럼에도 세상은 살만하다는 '숭고한 인간 승리'를 증언한다. 이 영화는 먼저 이런 질문을 던진다. "과연 당신은 모든 사람이 'Yes'라고 할 때 홀로 'No'라고 할 수 있는가? No를 말하는 순간 당신뿐 아니라 사랑하는 가족과 친구의 목숨이 위태로울 때도?"

히틀러가 이끌었던 그 시대 독일은 보고, 듣고, 말할 줄 아는 사람이라면 당연히 느꼈을 정도로 뭔가가 잘못되어가고 있었다. 대의보다는 권력에 대한 강렬한 욕망으로, 공존보다는 독식을 위해, 평화보다는 전쟁을 우선하며 정권을 장악한 히틀러는 절망한 대중들에게 평화와 번영을 약속했지만 나치 부대의 만행으로 역사를 후퇴시키는 결과를 불러왔다. 그는 공포와 계략의 정치로 대중들을 꼼짝 못하게 만들었고 정치인들은 독재자의 하수인이 되었다. 그래서 그 시대의 정치인과 대중은 벙어리와 장님이 된 채 무고한 피를 부르는 전쟁에 동참하게 된다.

제2차 세계대전이 끝난 지 수십 년이 지난 지금, 우리는 이제 마음 놓고 히틀러의 만행을 비난할 수 있다. 그리고 동시에 히틀러 한 사람만의 힘으로 세계대전이 발생한 것은 아님을 기억한다. 히틀러의 선동에 동조하고 복종했던 독일의 정치인과 국민들이 있었기에 끔찍한 학살과 만행은 너무도 당연한 것처럼 일어났던 것이다.

히틀러는 제2차 세계대전의 '원인'이 아닌 '계기'에 불과했다. 이 전쟁의 진짜 원인은 인간 내면의 공격성과, 권위와 힘에 무조건적으로 동조하고 복종하는 나약함에 있었다. 이는 일제 강점기 시절 동조냐, 저항이냐를 놓고 우리의 지식인들이 느꼈을 딜레마와도 크게 다르지 않을 것이다.

무작정 동조하는 사람들

▌영화는 위에서 내려진 명령에 아무런 생각 없이 따르는 군상을 보여준다. 그들은 자신의 행동이 어떤 결과를 불러올지, 왜 그렇게 행동해야 하는지를 살피지 않고 '그저 하라니까' 한다. 아우슈비츠 수용소의 가스실을 관리했던 관리인도, 민간 지역인지 의심하지 않고 이라크에

폭탄을 투하했던 미국 병사도, 그렇게 어떤 의혹이나 의문도 없이 기계적으로 사람들의 생사를 갈랐다.

어떻게 이런 일이 일어날 수 있었을까? 인간의 생각하고 고민하는 힘, 질문하고 성찰하는 힘, 공감하고 치유하는 힘은 그저 다수의 폭압에 쉽게 말소될 수밖에 없는 것일까? 폭압 앞에서 우리는 어떤 의문도 없이 동조하게 되는 것일까? 제2차 세계대전이 끝난 뒤, 인간이 인간에게 자행한 폭력의 실상에 충격과 혼란을 느낀 심리학자들은 무작정 복종하는 인간의 행동에 관심을 가지게 되었다. 그중 밀그램Stanley Milgram이라는 학자는 전쟁 시가 아닌, 즉 죽음과 처벌에 대한 공포가 없는 일반적인 시기에 보통 사람들은 어떻게 행동할지에 의문을 품었다. 그래서 그는 동조에 관한 몇 가지 실험을 했다.

결과부터 말하자면 밀그램의 유명한 동조성 실험은 인간성에 대한 희망과 환상을 간직하고 싶었던 사람들에게 크나큰 실망감과 회의를 안겨주었다. 그는 실험 참가자들에게 교사의 역할을 주고, 학생 역할을 맡은 전혀 모르는 사람에게 문제를 내서 틀릴 경우 전기 충격을 가하도록 주문했다(실제로는 전기 충격이 일어나지 않았고, 학생 역할을 맡은 사람은 실험 관계자였다). 전기 충격은 15볼트에서 450볼트까지 점점 강해지는 것으로 설정했으며 300볼트를 넘어서면 상대방이 고통을 경험하리라는 것을 피실험자들은 분명히 알고 있었다. 피실험자가 망설이면 실험 감독관은 처벌을 계속하라고 지시했다.

　실험을 설계했던 밀그램과 제자들은 기껏해야 피실험자의 3퍼센트 정도가 450볼트라는 최고 수준의 전기 충격을 가하지 않을까 하고 예상했다. 그러나 결과는 너무도 달랐다. 폭압이라고 규정할만한 외부의 힘이 가해지지 않을 때도 사람들은 상대방에게 고통을 줄 가능성이 농후한 실험에 적극 가담했다. 실험을 따르지 않는다고 해도 위험에 빠지거나 곤란해질만한 상황이 아니었는데도 대부분의 실험 참여자들은 감독관의 지시에 묵묵히 복종하는 모습을 보였고 그 가운데 65퍼센트는 극단의 전기 충격을 주는 데까지 동요 없이 임무를 수행했다.

　학생 역할의 사람들이 비명을 지르며 그만하라고 소리 지르는 것을 듣고도 피실험자들은 덤덤하게 버튼을 눌렀다. 더 흥미로운 점은 학생과 선생을 각기 다른 방에 두어 학생이 고통스러워하는 모습을 직접 보고 들을 수 없도록 했을 경우 피험자들의 93퍼센트가 끝까지 실험을 진행했다는 사실이다. 다시 말해 내가 여기서 누른 버튼이 저 멀리 아프가니스탄에 있는 누군가의 앞마당에 떨어진다면, 명령에 따라 그 버튼을 누르게 될 확률이 한층 더 높아진다는 것이다.

이에 대해 밀그램은 이렇게 말했다.

"어떤 경우에는 복종의 경향이 너무나도 깊이 배어 있고 강력해서, 도덕적이고 윤리적으로 행동하고 동정을 베푸는 인간의 능력을 무마시켜버린다."

그럼에도
동조하지 않았던 사람들

군복을 입지 않고 총을 들지 않은 일반인의 복종 경향이 이렇게 높으니, 전시의 정치인과 군인들은 오죽할까? 그러나 영화 〈작전명 발키리〉에서는 이상한 일이 벌어진다. 모두가 "하일 히틀러!"를 외치고 행여나 반역자로 찍힐까 노심초사하는 그 시기에, 자신의 신념을 실현하기 위해 도모했던 사람들이 있었던 것이다.

슈타펜버그 대령(톰 크루즈 분)을 비롯한 뜻있는 영웅들이 바로 그들이다. 이들은 목숨을 담보로 히틀러 암살 계획을 세운다. 언제, 어디서, 누군가의 손에 발각될지 모르므로 모든 작전은 치밀하고 은밀하게 진행해야 된다.

관객의 입장에서 우리는 이미 히틀러가 이 작전으로 암살되지 않았다는 것을 알고 있고, 이 작전이 실패할 것임을 예상하게 된다. 이 영화에서는 역사 자체가 스포일러인 셈이다. 하지만 슈타펜버그 대령의 작전이 하나하나 진행되어가는 과정을 숨 막히게 지켜보며 우리는 숭고한 인간 승리의 장면을 목격하게 된다.

그는 한쪽 눈이 없어도 두 눈이 있는 사람보다 더 잘 볼 수 있고, 세 개의 손가락만 가지고도 우리가 지향해야 할 지점이 어딘지 정확히 가늠하는 사람이다. 다른 영화와 달리 이 영화에서 우리의 관전 포인트는 그 작전이 어떻게 맞아 들어가는가에 있지 않고, 그들이 어떤 마음으로 작전에 임하는가, 왜 그들의 작전이 실패할 수밖에 없었는가에 있다. 이들의 실패는 예견된 것이었고 히틀러는 열다섯 번의 암살 시도에도 건재했다. 그렇다고 이들의 시도와 실패가 모두 헛되고 의미 없는 것일까?

영화 속에서는 이들의 암살 시도 9개월 후 히틀러가 자살하는 것으로 나온다. "그럼 9개월만 기다렸으면 되는 거 아니냐"고 말할 수도 있겠지만, 우리는 안다. 그렇게 실패한 여러 번의 시도가 있었고 수차례 문을 두드렸기 때문에 히틀러는 결국 역사 너머로 퇴장할 수 있었고 견고한 독재정권도 무너지게 되었음을. 그렇기에 그들의 실패는 많은 사람들이 기리는 역사상의 성공만큼이나 의미가 깊다.

역사 속
작은 거인들

▌영화는 인류의 커다란 치부를 절망으로만 받아들이지 않아도 된다고 말한다. 대부분의 사람들이 'Yes'를 외치며 복종하는 순간에도 'No'라고 말하며 옳은 일을 위해 용감하게 반기를 드는 사람은 존재한다. 영화는 그런 역사 속 작은 거인들의 의지와 결단을 긴장감 있게 묘사하고 있다.

역사와 영화에서뿐 아니라 밀그램의 실험 결과에서도 같은 점을 발견할 수 있다. 얼핏 보면 밀그램의 실험은 명백한 불의와 틀린 답을 보고도 'No'라고 말하지 못하는 우리의 소심한 심리(달리 말하자면 다수에 안착하고 성가신 일을 겪고 싶어 하지 않는 심리)를 적나라하게 잡아내는 듯하다. 하지만 어떠한 조건으로 실험을 해도 100퍼센트의 복종과 동조를 끌어냈던 적은 단 한 번도 없었다는 점도 기억하자. 이 실험의 참여자들과 영화 속 영웅들의 '예외적인' 행동은 어느 순간 겹쳐진다. 다수는 아닐지라도 끝끝내 'No'를 말하는 이들은 언제나 존재한다.

영웅과
소시민의 차이

▌그렇다면 우리는 필요한 순간에 어떻게 불복종의 방향으로 나아갈 수 있을까? 그에 대한 실마리는 솔로몬 애쉬Solomon Asch라는 심리

학자가 실시한 다른 실험에 드러난다. 애쉬 역시 동조성을 주제로 실험을 했다. 이 실험에서 피실험자는 두 개의 카드에 그려진 선의 길이를 비교하라는 쉬운 문제를 받는데, 이때 자신을 제외한 다른 모든 사람들이 명백히 틀린 답을 말하는 것을 보게 된다. 결국 본인이 답을 말할 차례가 되면 그 사람 역시 틀린 답을 제시하는 경향이 높은 것으로 나타났다. 그러나 구성원 가운데 단 한 사람이라도 집단의 압력을 무시하고 맞는 답을 고를 때는 그 후에 더 많은 비동조자가 생겨났다.

쉽게 말해 모두가 자장면으로 통일하자고 입을 모으는 분위기 속에서는 짬뽕을 먹고 싶다가도 슬그머니 손을 내리게 되지만, 앞에서 누군가가 당당하게 '짬뽕'을 외치면 다른 사람들도 속마음을 밝히며 "나도!"라고 외치기가 쉬워진다는 것이다. 애쉬는 더도 말고 덜도 말고, 딱 한 사람의 비동조자만 있다면 동조 경향성은 현저히 떨어진다고 설명했다. 영화 속에서 슈타펜버그도 소수이기는 하나 혼자는 아니었다. 함께 뜻을 모으고 그 길이 옳다고 확신하는 사람들이 곁에 있었기에, 그는 복종이 생존을 의미하던 시대에 감히 불복을 꿈꿀 수 있었다.

모두가 'Yes'라고 말할 때, 모두가 하나의 길만을 찬양할 때, 내가 선택한 길에 수많은 위험 요소가 도사리고 있을 때, 우리는 진실보다는 안전을 택하기 쉽다. 우리가 약해서이기도 하지만 집단의 욕구가 강한 경우에는 혼자서 튀는 행동을 했을 때 처벌받기 쉽기 때문이기도 하다. 하지만 이 영화와 동조에 대한 심리학 실험들은 같은 얘기를 하고 있다. 누가 뭐라고 해도 내가 믿는 것을 담대하게 밀고 나가는 선택의 힘이, 영웅과 소시민을 가르는 중요한 기준이라는 것을 말이다.

왜 우리는 주장을 어려워하는가?

목숨이 위태로운 상황에서도 소신을 끝까지 지키는 영화 속 영웅들처럼 자신의 생각과 느낌을 당당히 표현할 수 있으려면 탄탄한 '자기 주장성'이 밑받침되어야 한다. 이는 말 그대로 자신만의 주장을 내세울 수 있는 성향을 말한다. 많은 사람들은 스스로 자기 주장성을 제대로 활용하지 못한다고 느낀다. 일상에서 자기 주장성이 너무 부족해 애를 먹는 사람이 있는가 하면, 어떤 사람들은 자기 주장성을 유연하게 적용하지 못하고 아집과 혼동하기도 한다.

자기 주장성에 문제가 있는 사람들을 자세히 들여다보면, 다음의 두 가지 생각이 큰 원인이 되는 듯하다.

1 **자기주장을 하면 나만 손해다.**
2 **자기주장을 하면 누군가가 상처 받는다.**

원하는 것, 생각하는 것을 표현했다가 남들의 놀림이나 조롱을 받을까봐, 혹은 다른 누군가가 상처를 받을까봐 두려워하는 것이다. 자기 주장성이 부족한 사람이나 너무 강한 사람 모두 같은 두려움을 안고 있다. 두 부류 모두 자신을 궁지에 몰아넣지 않고 타인에게 상처를 주고 싶지 않다는 불안한 마음 때문에 자기 주장성을 제대로 활용하지 못하는 것이다.

스스로 자기 주장성이 부족하다는 생각이 든다면 다음을 기억하라. 우리가 원하는 것을 얻는 과정에서 어떤 손해나 상처가 발생할지라도, 이것을 우리 능력으로 완전히 배제하기란 불가능하다는 것을 말이다. 이를 인정해야만 우리는 비로소 자기주장을 할 수 있다. 물론 누군가에게 일부러 상처 주는 일은 피하고, 상처를 최소화하기 위해 노력하는 태도는 필요할 것이다. 반대로 자기 주장성이 넘쳐서 경직된 방식으로 타인을 대하고 이 때문에 갈등이 잦다면 다음을 기억할 필요가 있다. 솔직함은 우리에게 무척 중요한 덕목이지만 때로는 완전히 솔직해지기보다 상황에 맞춰 적절한 표현을 해야 한다. 솔직함은 꼭 필요한 곳에서 발휘될 때 가장 좋은 것이다.

우리는 지금 이 순간에도 어떤 방식으로든 내 마음을 이 세상 위에 표현하며 살고 있다. 부족한 것도, 넘치는 것도 좋은 방식이 아니다. 자기 주장성에 비춰 나를 돌아보고, 부족한 부분은 채우고 넘치는 부분은 잘라가며 이 세상과 관계할 필요가 있다.

내 안의 방어기제를
점검하다

미 마이셀프 앤드 아이린
Me, Myself & Irene

징글징글하게
착한 사람들

징글징글하게 착한 사람들이 있다. 당연히 화를 내야 할 상황인데도 화를 안 낸다. 그저 생글생글 웃고 넘어가거나 괜찮다 말하고 돌아서며, 보통 사람은 쉽게 보일 수 없는 인내의 경지를 보여준다. 어떤 상황에서든 자신을 희생하면서 '좋은 사람'이라는 이미지를 고수하기 위해 노력하는 것이다.

그런데 참 이상하다. 이런 착함이 지나치면 주변 사람들은 좋게 보지 않는다. 오히려 이들을 답답해하며 이들의 경계를 쉽게 침범하고 다른 사람에게는 하지 않을 일들을 한다. 영화 〈미 마이셀프 앤드 아이린Me, Myself & Irene〉은 그처럼 징글질글하게 착했던 주인공 찰리(짐 캐리 분)에 대한 이야기다.

찰리는 착하다. 아니, 착하다 못해 바보 같다. 그는 참고, 참고 또 참는다. 아내가 바람이 나서 외간 남자와 아이를 낳아도, 그러다가 결국 떠나가도 참고, 누가 자신을 무시해도 참고, 사람들의 웃음거리가 되어도 같이 웃을 뿐이다. 그는 결코 상황에 적합한 화를 내거나 거절을 표현하거나 단호하게 자신의 의사를 밝히지 않는다. 지금까지 착하게만 살아왔던 자신의 모습에 너무 익숙한 나머지 변화가 두렵고 어렵기 때문이다. 그렇다면 그는 과연 무엇이 두려웠던 것일까?

영화는 찰리의 어린 시절을 탐색하거나, 그가 지금까지 맺어온 관계의 패턴을 보여줌으로써 그 이유를 밝혀주지는 않는다. 그 대신 착하게만 굴면서 참고 또 참을 경우 우리에게 어떤 일이 벌어지는가를 보여준다. 다른 사람에게 결코 화를 내지 못했던 찰리도 사람인 이상 그 안에 들끓는 분노가 없을 리 없다. 다만 그는 분노라는 감정을 '억압'이라는 이름의 항아리 속에 꼭꼭 눌러 담고 '방어기제'라는 이름의 뚜껑으로 단단히 밀봉했을 뿐이다.

　방어기제란 불안에 대처하기 위해 이용하는 비합리적이고 소극적인 우리만의 방식을 뜻한다. 찰리가 '억압'이라는 방어기제를 사용해 어떻게든 화를 참고 살고 싶었듯이, 우리 또한 다양한 이름의 방어기제로 일상을 살아간다. 우리가 방어기제를 사용하는 것은 상황을 적극적으로 직면하지 못하고 소극적으로 회피하고 싶기 때문이라 할 수 있다. 위험에 부딪힌 타조가 모래더미 속에 고개를 파묻고 어떤 요행으로 위험이 사라지기를 바라는 것만큼이나 어리석고 비합리적인 모습이다.

　그렇다고 방어기제가 꼭 나쁜 것만은 아니다. 두려움과 한계를 지닌 사람인 이상 우리 모두에게는 어느 정도의 방어기제가 필요하다. 우리는 필요에 따라 감정을 억압하기도 하고, 우리 마음과 반대되는 행동을 해버리기도 한다. 그러한 방어가 도움이 되는 면도 있기 때문이다. 이렇게 우리는 때때로 방어기제에 기대어 눈앞의 문제를 대충 넘기고 순간을 모면하려 한다. 그러나 방어기제에 지나치게 의존하다보면 그

것이 부메랑이 되어 정신건강에 큰 화를 입을 수가 있다.

내 안의
또 다른 나

결코 밖으로 분출되지 못했던 찰리의 화는 행크라는 또 다른 정체성의 옷을 입고서야 나타날 수 있었다. 억압이라는 방어기제를 지나치게 사용한 탓에 '다중인격장애(진단명으로는 해리성 정체장애)'를 앓게 된 것이다. 해리성 정체장애는 지킬 박사와 하이드처럼 한 사람 안에 극단적으로 다른 인격이 고개를 들 때 나타난다. 이를 장애라고 이름 짓는 이유는 자신의 또 다른 정체성을 잘 모르고 통제하지 못하기 때문이다. 찰리 역시 자신이 행크로 변하는 순간을 모르고 행크를 기억하지 못한다.

모든 정신질환에는 이유가 있듯이 찰리의 정신질환은 화를 분출하기 위해 나타난다. 한 사람이 건강하게 표현하고 해결하지 못하는 문제는 회피하고 참는다고 사라지지 않는다. 찰리의 경우는 그가 차마 표현하지 못한 분노와 화, 충동이 행크라는 찰리의 또 다른 정체성을 통해서 모습을 드러낸 것이다.

정신질환을 앓고 있지 않은 보통 사람들 속에도 다양한 버전의 자기가 존재한다. 순종적이다가도 어느 순간 분노를 폭발하고, 어떤 때는 쾌활하다가 갑자기 우울해지기도 한다. 그래서 많은 사람들은 다중인격이라는 흔치 않은 증상에 많은 관심을 보인다. 자기 안의 다양한 모

습을 지켜보며 혹시 자신에게도 이상이 있을지 모른다는 의심을 품어
보는 것이다.

그러나 일반적인 우리와 영화 속 찰리는 분명 다른 점이 있다. 우리
는 자신의 다양한 모습을 알고 있고 어느 정도 인정하며, 그것이 만족
스럽든 그렇지 않든 대부분 나의 것으로 받아들인다. 하지만 찰리는
행크의 존재, 즉 자기 안의 화와 분노와 충동과 욕망을 인정하지 않고
살아왔다. 모든 사람이 화를 낼 수 있고 분노할 수 있으며 충동적인 행
동을 저지를 수 있는데도 말이다. 찰리인 채로는 화를 낼 수 없었던 그
에게는 그래서 행크가 절실히 필요했다. 스스로도 인식하지 못하는 사
이, 자기 대신 화를 내줄 수 있는 행크의 탄생을 기다렸던 것이다.

내가 나의 주인이
되지 못할 때

다중인격장애를 겪는 사람들에게(그리고 다중인격장애까지는 아니어도 가끔씩 통제
할 수 없는 자신의 낯선 모습에 혼란을 겪는 사람들에게) 가장 필요한 것은 자신의 다양
한 모습을 있는 그대로 받아들이고 이를 본인의 것으로 통합하는 일이
다. 찰리가 자신을 보호하지 못하고 스스로 화를 표현하지 못하는 한,
행크는 언제고 나타날 수밖에 없는 것이다. 그렇게 자신의 분신인 행
크를 계속 분리시킨다면 찰리는 영원히 자기 안의 화와 분노와 충동과
만나지 못한 채 살아가게 된다. 그러다보면 자신이 자신을 통제할 수

없고 삶의 주인이 될 수 없다.

　찰리가 진정 건강해지기 위해서는 자기 안의 행크를 억압하려고만 하지 말고, 자신의 일부로 껴안아야 한다. 필요할 때 화를 대신 내주도록 행크에게 자신을 맡겨버리는 것이 아니라 스스로 자기주장을 하고 화를 낼 필요가 있다. 그렇게 할 때 자신의 모습대로 삶을 살게 될 것이다. 우리 역시 마찬가지다. 때로는 세상과 맞서는 것이 두렵고 스스로 자신을 보호할 수 없을 것 같아 자기 안으로 숨어버리고 싶을지도 모른다. 그러나 내 안의 나를 만나는 것을 두려워하지 않고 정면 돌파하는 삶이야말로, 내가 진정 주인공이 되는 삶이다.

내가 나를 견딜 수 없을 때 쓰는 가면, 방어기제

분노를 억압해온 찰리처럼 우리는 스스로 받아들이고 직면하기 어려운 감정이나 생각을 다양한 방어기제를 통해 처리한다. 그러나 방어기제는 말 그대로 문제를 뚫고 지나가는 것이 아니라 적당히 가리고, 우회적으로 돌아가고, 일부러 피하는 것이기에 진심을 숨기는 가면과 같은 역할을 한다. 우리가 자주 쓰는 방어기제로는 다음과 같은 것들이 있다.

1 **억압**repression 스스로 받아들이기 어려운 생각이나 관점, 감정이나 욕망, 기억을 의식에서 완전히 몰아내어 무의식의 세계로 쫓아버리는 것을 말한다. 기억이 안 난다거나, 아무런 느낌이 들지 않는다는 반응은 억압에서 비롯된 것일 수 있다.

2 **반동형성**reaction formation 자신이 느끼거나 생각하는 것을 차마 표현하거나 인정할 수 없기에 정반대의 행동을 보이는 것을 말한다. 예를 들어 미워하는 사람에게 더 친절하게 대한다거나 열등감을 느끼는 대상을 과도하게 칭찬할 수 있다.

3 투사projection 자신이 타인에게 품는 인정하기 어려운 감정이나 생각을 거꾸로 타인이 가지고 있다고 생각하는 경우다. 내가 누군가를 미워하면서 타인이 나를 미워한다고 믿는 경우가 그렇다.

4 동일시identification 타인이나 외부 대상과 자신을 동일한 것으로 보고 이를 통해 심리적 이득을 얻는 행위를 말한다. 사춘기 시절에 스타와 자신을 동일시하거나, 위대한 인물의 뛰어난 면과 자신을 동일시하기도 한다.

5 합리화rationalization 납득하기 어려운 상황이 닥쳤을 때 진심을 숨기고 그럴듯한 변명과 구실을 붙여 상황을 왜곡하는 것을 말한다. 예를 들어 소개팅에서 애프터 신청을 받지 못했을 때 자존심 상하는 것을 막기 위해 본래 그 사람이 마음에 들지 않았음을 강조하는 경우가 있다.

6 승화sublimation 자기 안에 받아들이기 어려운 억압된 욕망을 활용해 사회적, 문화적으로 가치 있는 활동을 하는 것을 말한다. 자기 안의 공격성과 분노를 자선사업이나 인권운동처럼 사회에 도움이 되는 활동의 에너지원으로 쓸 수 있다.

7 치환displacement 표현할 수 없는 감정이나 욕망을 다른 대상에게로 돌려서 불안을 해소하려 하는 것을 말한다. 예를 들어 직장인들은 상사에게 표현할 수 없는 미움과 원망을 더 안전한 대상이나 행위를 통해 풀곤 한다.

내 마음의
엑셀과 브레이크

예스맨
Yes Man

저마다 기질이
다른 우리

우리가 사람들과의 관계에서 부침을 겪을 때마다 되새겨야 하는, 그러나 실천하기가 결코 쉽지 않은 절대적 진리가 한 가지 있다. 그것은 '사람은 저마다 다르다'는 것이다. 갓 태어난 아이들조차 천차만별이다. 어떤 아이는 무한한 호기심과 열성으로 주변을 탐색한다. 쉬지 않고 관찰하며 물고 만지면서 세상이 어떻게 펼쳐지는가를 체험한다. 어른들이 항시 눈여겨보지 않으면 뜨거운 주전자에 손을 데거나 높은 곳에서 떨어져 다치기 십상인 활발한 아이들이다. 그런 아이들은 커서 자유분방한 삶을 살고 규칙이나 원칙에 얽매이지 않을 가능성이 크다.

또한 이 아이들이 자라면 세상의 제안에 쉽게 'Yes'라고 외치며 돌진하는 어른이 될 수 있다. 이들을 표현하는 형용사로는 '도전적,' '진취적,' '야심 찬,' '의욕적,' '과감한,' '충동적' 등이 있을 것이다. 진로나 배우자를 선택하는 것 같은 인생의 큰 결정 앞에서도 이들은 색다른 모험과 가능성에 이끌릴 가능성이 크다. 어떤 아이들은 정반대다. 이들은 아주 어렸을 때부터 모험을 싫어한다. 아기였을 때는 세상 많은 것을 불안과 두려움의 렌즈로 살펴보고 새로운 것을 알기 위해 함부로 손을 뻗거나 발을 디디지 않는다. 잘못해서 다치는 것보다는 차라리 아무런 시도도 하지 않는 편이 낫다고 믿는 것이다.

어른들이 보기에는 순하고 속 썩이지 않는 얌전한 아이 같지만, 어

던지 모르게 답답해 보이기도 한다. 이들은 모험이나 가능성보다는 확실성과 안정성에 더 큰 가치를 부여하고 그에 맞춰 삶의 중요한 선택을 할 것이다. 이들을 대변하는 형용사로는 '신중한,' '세심한,' '치밀한,' '계획적인' 등이 있다. 다시 돌아갈 수 없는 어린 시절을 생각해본다면, 당신은 어느 쪽에 더 가까웠다 할 수 있는가?

김빠진 콜라 같은 'No Man'의 삶

▌확실성과 안정성에만 지나치게 높은 의미를 부여하는 한 남자가 있다. 그는 평범하고 안정적인 것을 추구하고 눈에 띄지 않게, 최소한의 책임과 의무만을 이행하며 재미없고 따분한 일상을 반복한다. 걱정과 두려움이 많은 그는 조금이라도 익숙하지 않은 것은 피하려고 한다. 그의 인생은 변명과 거절과 회피로 점철되어 있다. 일상을 벗어난 여행과 모험과 스릴, 도전이란 그의 인생에 있을 수가 없다. 그와 사는 것이 갑갑해진 아내는 떠나갔고, 친구들도 더는 못 봐주겠다고 느낀다. 어떤 제안을 해도 'No'라며 일언지하에 거절하는 그를 설득하는 것도 이제 지쳤다. 그 역시도 자신이 뭔가 김빠진 콜라 같다고 느낀다. '변화'가 필요한 것이다.

나는 영화 〈예스 맨Yes Man〉의 칼(짐 캐리 분)을 보며, 그가 기질성격에 관한 심리검사를 했다면 '위험 회피' 점수가 꽤나 높고 '자극 추구' 점수는 무척 낮게 나왔겠구나 싶었다. 자극 추구란 말 그대로 환경을 적극적으로 탐색하고 새로운 것을 시도해보는 특성이며, 위험 회피는 그 반대의 특성이다. 아마 칼은 아기였을 때 완전히 안전하다는 판단이 서지 않으면 조금이라도 새로운 것을 시도해보기가 어려웠을 것이다. 그 후 칼의 삶은 타고난 천성과 기질적 특성에 맞춰 흘렀기에 현재에 이르게 된 것이다.

지금껏 그의 인생에 도전이나 새로움, 변화 같은 요소는 빠졌을지 모르지만 그래도 나름 안정적이고 평안한 삶을 살았을 것이다. 그렇기에 별다른 변화의 필요성을 못 느낀 채, 신중하게 경계하며 일상을 살아간다. 이런 삶의 패턴에서 오는 안정감이, 뭔가를 시도했을 때 현실화될지도 모르는 불안보다 크기 때문에 그는 굳이 자신을 바꾸려 하지 않는다. 변화를 추구한다면 더 생생한 순간을 살 수 있을지는 몰라도 예기치 못한 사건사고에 휘말리거나 실수를 할 가능성도 더 커지고, 통제가 힘들 수도 있기 때문이다.

그 모든 No를
Yes로 바꾸다

영화는 그러한 불안 때문에 인생이 던지는 대부분의 가능성을 'No'라고 거절하며 최소한의 울타리 내에서 삶을 살던 그가 무조건 'Yes'라고 외치게 되면서 일어나는 일들을 흥미롭게 보여준다. 말하자면 항상 브레이크를 밟기에 큰 사고를 내지는 않지만 늘 제자리걸음만 하던 그의 인생이 엑셀을 밟아 앞으로 나아가기 시작한 것이다.

그 후 칼의 삶은 말 그대로 흥미진진하고 생생해진다. 그는 새로운 세계에 자신을 던지고, 그럼으로써 새로운 것을 시도하고 새로운 사랑을 만나고 결국엔 새로운 자신을 발견하며 자신의 인생이 가진 최대한의 잠재력을 발현하게 된다. 영화는 그의 변화를 유쾌하게 그려나가면서 우리들도 'No'를 'Yes'로 바꿔보라고 말한다.

No는 Yes로, Yes는 No로

영화에서 말하듯 삶을 긍정함으로써 우리는 더 많은 실수와 사건사고에 휘말릴 수도 있고 내가 나를 통제하지 못하게 될 수도 있다. 하지만 있는 그대로의 삶에 나를 던지는 것은 우리를 무한히 큰 삶의 가능성으로 이끌어준다.

그럼에도 나는 이 영화의 메시지를 'No를 Yes로 바꾸라'고만 보아서는 안 된다는 생각이 들었다. 안정성을 추구하는 No Man에게도 장점이 있듯, 모험을 좋아하는 Yes Man에게도 맹점이 있기 때문이다. No Man의 자동차가 너무 자주 브레이크를 밟아서 문제라면 Yes Man의 자동차는 너무 자주 엑셀을 밟아서 문제다. 저돌적으로 돌진하다가 큰 사고가 나거나 뒷수습이 힘들어지는 경우가 생긴다는 것이다.

결국 항상 'Yes'를 외치는 것도, 늘 'No'를 앞세우는 것도 문제다. Yes Man들은 No Man의 신중함과 경계심을 배울 필요가 있고 No Man들은 Yes Man의 추진력과 결단력을 필요로 한다. 영화는 No Man의 부정적 성향과 Yes Man의 긍정적 면모를 극대화해서 보여주지만 우리에게는 균형 잡힌 관점이 필요하다. 브레이크든 엑셀이든 다 이유가 있어서 존재하는 것이기 때문이다. 그래서 본인의 주체적인 판단에 따르기보다는 항상 'Yes'라고 말하는 법칙을 맹목적으로 좇는 주인공이 한편으로 위태로워 보이기도 한다. 그가 엑셀을 더 많이 밟을 필요가 있기는 하지만 가끔은 브레이크 역시 필요하기 때문이다.

때론 Yes를,
때론 No를 외치는 순조로운 삶

▌운전을 처음 배울 때 우리는 모두 서투르다. 언제 브레이크를 밟아야 할지, 언제 엑셀을 밟아야 할지 균형 감각이 없다. 그러나 운전이 능숙해지면 우리는 엑셀을 밟아야 할 때와 브레이크를 밟아야 할 때를 더 잘 구분하게 된다. 영화 속 칼이나 현실 속 우리의 삶에서도 엑셀과 브레이크를 적재적소에 밟아가면서 뚜렷한 비전과 목표를 향해 인생이라는 자동차를 몬다면 그 여정은 순조로울 것이다.

기질이라는 것은 타고난 것이기에 성격보다 바꾸기가 힘이 들지도 모른다. 그래서 '기질성격 검사'에서는 바꿀 수 있는 것은 바꾸고, 바꿀 수 없는 것은 포용하라고 조언한다. 여기서 무엇보다 중요한 것은 바꿀 수 있는 것과 바꿀 수 없는 것을 구분하는 '혜안'이다.

우리가 바꿀 수 없는 것을 있는 그대로 인정하지 못하고 자꾸 바꾸려 애쓰거나, 바꿀 수 있는데도 불가능하다고 생각해 머뭇거리고 변명만 하면서 얼마나 많은 에너지와 시간을 소비했는가를 생각해보라. 그런 혜안이 정말 귀중한 보석과도 같음을 알 수 있을 것이다. 부디 적절한 Yes와 No, 적절한 엑셀과 브레이크를 사용하길 바란다. 그리하여 평지였던 길이 때로는 자갈밭으로 바뀌고, 1차선 도로를 달리다가 8차선 도로로, 가끔은 고속도로로, 또 가끔은 롤러코스터로 돌변하는 인생길을 잘 이끌어나가자.

나와 기질이 맞는 배우자는 어떤 사람?

기질은 유전적이고 생물학적인 요소를 기반으로 한 특성이라 할 수 있다. 양육과 환경에 영향을 받긴 하지만 우리의 타고난 본바탕을 말해주는 심리적 뼈대인 셈이다. 인류학자이자 '사랑학 전문가'로 활동하고 있는 헬렌 피셔Helen Fisher는 《나는 누구를 사랑할 것인가?Why him? Why her?》라는 책에서, 우리가 기질에 따라 배우자를 선택하는 방향이 크게 달라지며 자신의 기질에 맞는 배우자를 선택할 때 더 긍정적인 관계를 이룰 수 있다고 보았다.

그녀는 우리 뇌의 네 가지 화학물질을 기반으로 사람의 기질을 네 종류로 분류했다. 각 기질은 다음과 같은 단어로 설명할 수 있다.

1 **도파민**dopamine 세상의 모든 즐거움을 추구하는 탐험가
활동적, 충동적, 새로움 추구, 감각 추구, 위험 감수, 낙관적, 자율적, 쉽게 지루해함, 진보적, 다양성 추구, 활력, 창조성, 호기심, 적응력, 유연성

2 **세로토닌**serotonin 질서와 전통을 수호하는 건축가
규칙성, 계획성, 꼼꼼함, 질서정연, 사교성, 차분함, 정리정돈, 끈기, 인내, 구체성, 믿음직스러움, 분별력

3 **테스토스테론**testosterone 더 높은 곳을 향해 돌진하는 지휘관
체계화, 공간지각력, 집중력, 분석적, 논리성, 결단력, 대담성, 경쟁성, 주체성, 공격성, 감정 억제, 소수의 친구, 일 중독, 솔직함

4 **에스트로겐**estrogen 사랑으로 따뜻한 이상사회를 꿈꾸는 협상가
모성, 상상력, 직관성, 유연성, 사교성, 교감, 공감, 친화력, 따뜻함, 포용력, 조율, 사랑이 넘침, 표현력이 뛰어남

피셔는 사람마다 주로 사용하는 제1기질이 있고 그 다음으로 사용하는 제2기질이 따로 있다고 보았다. 그리고 탐험가와 건축가 타입은 각각 다른 탐험가와 건축가 타입에 끌리는 반면 지휘관은 협상가에게, 협상가는 지휘관에게 끌릴 가능성이 더 높다고 설명했다.

기질을 바꾸기란 어렵다. 그러므로 자신이 타고난 속성의 장점과 단점을 잘 알고 이에 맞춰 나와 타인, 그리고 서로의 관계를 살펴보는 일은 건강하고 행복한 삶을 영위하는 데 큰 도움이 된다. 건강과 행복은 일단 나를 제대로 아는 것에서 비롯되기 때문이다.

나를 일으키는 관계,
나를 지우는 관계

천일의 스캔들
The Other Boleyn Girl

두 가지 사랑,
두 가지 관계

한 사람 안에는 얼마나 많은 모습이 있을까? 내가 본 그의 모습은 다른 사람이 본 그의 모습과 얼마나 같고 또 다를까? 나는 그가 친절하다고 느꼈는데 왜 다른 사람은 그가 무례하다고 말할까? 내가 본 그가 그의 실제에 더 가까울까, 아니면 난 그저 예외적인 그의 모습을 본 것일까? 왜 우리는 같은 대상과 다른 관계를 맺게 되고, 다른 나를 꺼내 놓게 되는 것일까?

영화 〈천일의 스캔들The Other Boleyn Girl〉은 내 안의 다양한 나, 그리고 다른 내 모습을 이끌어내는 관계에 대해 다양한 질문을 던진다. 〈천일의 스캔들〉의 포스터를 보면 헨리 8세(에릭 바나 분)와 그를 사랑했던 두 자매가 보인다. 바로 앤 불린(나탈리 포트만 분)과 메리 불린(스칼렛 요한슨 분)이다. 영화의 원제가 '불린의 여동생'이었던 걸 보면, 이 영화가 역사상 잘 알려진 앤 불린과 헨리 8세의 이야기가 아닌 메리 불린에 초점을 두고 만들어졌다는 것을 알 수 있다. 포스터에서도 메리 불린 역을 맡은 스칼렛 요한슨이 가운데에 있다.

한 사람 안에는 다양한 모습이 공존한다. 그 가운데 어떤 모습은 건강하고 매력적이며 아름답고 사랑스럽고 창조적이지만, 또 어떤 모습은 병적이고 못났으며 추하고 파괴적이다. 그리고 이 모든 모습은 '관계'라는 장을 통해 드러난다. 우리는 관계 속에서 우리 안의 이런저런 모습을 탐색하고, 실험하고, 가꾸고, 고쳐나간다. 관계를 통해 나타난 다양한 내 모습은 나라는 사람을 구성하는 퍼즐 조각들이라 할 수 있다. 그래서 좋은 관계를 많이 맺을수록 우리는 스스로를 더 '좋다'고 느낀다. 좋은 사람과 좋은 관계를 많이 맺어야만 더 좋은 사람이 되어가는 것이다. 그렇다면 좋은 관계와 나쁜 관계를 나누는 기준은 무엇일까?

영화는 이 질문에 좋은 대답을 해준다. 좋은 관계란 바로 우리 안의 건강한 모습은 키워주고, 병리적인 모습은 완화시키는 관계를 말한다는 것이다. 좋은 관계는 내가 되고 싶은 사람에 조금씩 가까워지도록 만들어주는 장이 된다. 반대로 나쁜 관계란 나를 더 추하고 파괴적이며 병적으로 만든다. 영화의 배경은 정치적 암투가 난무하는 어지러운 영국 왕실이다. 이때 헨리 8세가 두 자매와 맺는 두 가지 모습의 사랑은 한 사람 안의 다양한 모습을 투영하는 거울의 역할을 한다. 영화 속 그의 사랑을 따라가다 보면 무엇이 좋은 관계이고 무엇이 나쁜 관계인가 하는 기준을 세울 수 있을듯하다.

탐욕과 자기애에 빠진 권력자

■ 영화 속 헨리 8세와 그가 맺는 관계를 살펴보자. 군이 진단을 내리자면 헨리 8세는 자기애성 인격 장애와 편집성 인격 장애를 보인다고 할

the Other Boleyn Girl

수 있다. 영화 속에서 그는 탐욕적이고 자기중심적인 모습으로 나타난
다. 그의 마음속에는 신뢰나 따스함이 사막 한복판처럼 바짝 메말라
있다. 그는 어느 누구도 완전히 믿지 못하고 인정과 자비를 베풀지 않
으며 타인을 매우 적대적으로 바라본다. 그가 보는 세상은 적자생존의
법칙이 난무한다. 그러니 그가 만들어가는 세상 역시 적대적인 방식으
로 흘러갈 수밖에 없다. 이런 사람이 권력의 꼭대기에 있을 때는 사회
전체가 경직되게 마련이다. 역사상 어지러운 시기에 폭정을 일삼았던
많은 독재자들이 이런 모습을 보였다. 궁예나 연산군, 공민왕에게서도
그런 경향을 엿볼 수 있다.

한편으로는 권력의 맨 꼭대기에 있다는 사실이 그들의 병리성을 더
악화시킨다. 이들의 잘못을 시정할 외부의 힘이 부족하기 때문에 스스
로를 돌아보고 성찰할 기회도 적어진다. 이런 상황은 권력자 자신을
괴롭히기도 하지만 그의 선택과 결단에 영향을 받게 되는 수많은 사람
들이 다치기도 한다. 그만큼 권력자나 리더가 타인과 맺는 관계의 질
은 중요하다. 한 사람의 정신건강은 그가 맺는 관계에 따라 좌우되기
때문이다. 그 파급은 개인에만 머무는 것이 아니라 하나의 사회 속 수
많은 사람들에게 직접적인 영향을 미친다.

영화 속 헨리 8세 역시 어떤 관계에 머무느냐에 따라 때로는 따뜻하
고 부드러운 모습을 보이기도 한다. 영화는 그가 불린 가의 두 자매와
어떤 방식으로 다른 관계를 맺으며, 그 관계 속에서 어떻게 달라지는

가를 묘사한다. 완전히 상반된 성격과 야심을 가진 두 자매는 그에게서 정반대의 모습을 끌어낸다.

불린 가의
두 자매

언니인 앤 불린만큼 잘 알려지지는 않았지만 이 영화의 중심인물인 메리 불린을 먼저 살펴보자. 잔잔하고 소박한 세계를 지향하는, 청초한 백합과 같은 메리는 애초부터 헨리 8세의 눈에 들고 싶은 생각이 없었다. 다만 따뜻하고 다정한 사람일 뿐이다. 흔들리지 않는 신념으로 순간순간을 성실히 살아가는 그녀에게는 지고지순한 매력이 흐른다.

소극적인 그녀는 역사에 길이 남을 만큼 빼어나고 두드러진 요소도 없다. 그래서 그녀의 사랑은 잔잔한 강물과 같이 흘러간다. 어쩌면 그녀는 언니 앤 불린이 아니었다면 헨리 8세의 총애를 받지도, 역사의 한 페이지를 장식하지도, 영화의 등장인물로 묘사되지도 않았을지 모른다.

메리가 청초한 백합이라면, 그녀의 언니 앤은 화려하고 요염한 장미라 할 수 있다. 그녀는 욕심이 많고 성취 지향적이다. 권력과 야망을 위해 정치판을 자신의 독무대로 만들고 헨리 8세를 흔든다. 그녀의 사랑은 활활 타오르는 불과 같고 질주하는 폭풍과 같다. 강력한 만큼 치명적이다.

충동적이고 욕심 많은 그녀는 헨리 8세를 만나기 전에 다른 남자와 사랑의 도피 행각을 벌이기도 했고, 헨리 8세의 사랑을 얻은 여동생을 질투하여 계략을 펼치기도 한다. 자신이 불리할 때는 갖은 수단을 써서 권력을 유지하려 애쓴다. 그런 그녀의 야심 때문에 누군가는 죽었고, 역사는 바뀌었다. 그리고 그녀와의 관계가 계속되면서 헨리 8세는 자기 안의 병리적이고 폭력적인 모습을 더 뚜렷이 드러낸다.

두 관계에 투영된
한 남자의 상반된 모습

메리를 사랑할 때의 헨리와 앤을 사랑할 때의 헨리는 완전히 다른 사람인 것만 같다. 메리와 함께 있을 때는 부드럽고 다정하며, 안정적이고 인간적인 모습이다. 누군가가 잘못해도 용서할 줄 알며, 메리를 깊이 신뢰하기에 모두가 아니라고 할 때도 메리의 말을 믿는다. 앤이 이전에 다른 남자와 사랑의 도피를 한 것이 밝혀졌을 때도 메리의 말을 따라 앤을 믿어주기로 한다. 그가 메리와 관계를 맺는 순간에는 건강하고 인간적인 부분이 발현되는 것이다.

반면, 그가 앤과 함께할 때의 모습은 불안정하고 병리적이다. 그와 앤의 사랑은 불같이 열정적이지만 성마르고 난폭하다. 그 관계 속에서 헨리 8세는 조급하고 파괴적이며 초조한 모습을 보인다. 나쁜 대상과의 나쁜 관계 속에서 점점 악화되는 모습을 드러내는 것이다.

그렇게 헨리 8세가 두 자매와 맺는 관계는 그가 가진 극단적으로 다른 두 모습을 보여주는 거울과 같다. 메리가 그의 건강한 부분과 손을 맞잡고 관계를 맺어갔다면, 앤은 그의 연약하면서도 악한 부분을 건드리며 관계를 진행시켰다. 앤과 맺는 것 같은 관계는 지금은 잠시 우리를 유혹하고 감질 맛나게 해도 결국 비극으로 끝나게 마련이다. 결국 헨리 8세는 앤을 사형대 위로 내몰게 되고, 메리는 그 모습을 안타깝고 처연하게 지켜본다.

좋은 관계,
좋은 너, 좋은 나

'관계'라는 판 위에 우리는 우리 안의 다양한 모습을 투영한다. 그런 점에서 나와 관계하는 이 세상의 모든 대상은 나를 담는 화분이라 할 수 있다. 화분이 단단하고 믿음직스럽게 우리를 품어줄 때 우리 안의 건강한 새싹은 무럭무럭 자라난다. 반면에 불안정하거나 물이 빠지지 않는 화분은 새싹의 뿌리를 썩게 만든다. 따라서 내 안의 어떤 모습을 키워주는 누구를 만날 것인가는 모든 사람에게 인생의 가장 중요한 화두일 것이다. 나를 키우는 관계도, 나를 넘어뜨리는 관계도 있으니 말이다.

좋은 관계는 우리를 좋은 사람으로 만들고 나쁜 관계는 우리를 나쁜 사람으로 만든다. 더 많은 사람과 더 좋은 관계를 맺을 때 우리 안의 나쁜 모습은 지워지고 우리는 더 건강해지며 더 행복해진다. 나의 건강한 부분을 붙들어주고, 건강한 새싹이 무럭무럭 자라도록 키워주는 좋은 관계, 좋은 사랑. 그것은 영화 속 헨리 8세에게만 필요했던 것이 아닐 것이다. 더 좋은 사람이 되고 싶고, 더 좋은 사랑을 갈구하는 우리 모두에게 필요한 것이리라.

222
223

자 아 분 화
Differentiation of Self

건강한 관계를 맺을 수 있는 건강한 사람이란?

'가족 체계이론'을 정리한 심리학자 보웬Murray Bowen은 '자아분화 differentiation of self 정도가 어떠한가?'가 개인의 심리적 건강을 말해주는 중요한 지표라고 말했다. '자아분화'란 정서적 성숙도를 나타내는 것으로 감정과 사고가 잘 분리되어 균형을 이루고 있는가, 거짓 자기psudo self를 발달시키지 않고 참된 자기true self의 모습으로 자율성과 독립성을 갖추고 살고 있는가와 관련된 개념이다.

그는 가족이 개인에게 미치는 영향을 중심으로 이론을 구축했고 '자아분화 척도'를 만들었다. 그가 만든 척도에 따르면 우리의 자아분화도는, 관계 속에 완전히 매몰되어 자기정체감이 매우 약하고 불안정한 상태(즉 분화 정도가 0인 상태)부터 자아정체감이 확고하고 강하며 다른 누군가를 위해 자신을 희생해야 된다거나 다른 누군가의 감정을 지배하고자 하는 욕구가 없는 상태(분화 정도가 100인 상태) 사이 어느 한 지점에 있다.

보웬은 한 사람의 자아분화 정도를 다음 네 가지 수준으로 나눠 설명했다.

1 **0~25 수준** 여기에 해당하는 사람들은 타인의 말에 휘둘리고, 사고보다는 감정에 지배되는 생활을 하기에 융통성이나 적응력이 적고 정서적으로 매우 의존적인 상태라 할 수 있다. 이들은 너와 나를 분리하고, 감정과 사고를 분리하는 데 어려움을 겪기에 건강한 관계를 세워나가기가 어렵다.

2 **25~50 수준** 타인의 말에 많이 휘둘리기 때문에 타인의 인정을 받기 위해 어떤 행동이든 하는 사람들이 여기에 해당한다. 역시 사고보다는 감정에 장악되는 편이다.

3 **50~75 수준** 이 사람들은 자의식이 잘 발달되고 다른 사람의 말에 쉽게 휘둘리지 않으며, 감정적인 동요 때문에 스트레스를 받거나 본인이 하고 싶은 일을 포기하지 않는다. 또한 사고를 적절히 사용해서 주도적으로 나아갈 수 있다.

4 **75~100 수준** 감정과 사고가 완전히 분리되어 있으며 타인의 말에 흔들리지 않는 자기만의 소신과 확신을 가진 사람들을 가리킨다. 하지만 이렇게 극히 높은 수준의 자아분화 정도에 이른 사람은 거의 없다고 한다.

심리치료사마다 가족이 개인에게 미치는 영향의 범위나, 어떤 사람이 정신적으로 건강한가를 정의하는 방식은 조금씩 다르다. 하지만 우리가 세상에서 태어나서 처음으로 관계 맺고, 심리적으로든 물리적으로든 생의 끝까지 함께하는 이들이 바로 가족이라는 것은 분명한 사실이다. 그러므로 우리가 자아 개념을 형성하고 타인과 관계를 이끌어갈 때 가족에게서 무엇을 배우고 익혔는가를 아는 것은 중요한 일이다.

보웬의 이론에 다르면 우리가 현재 관계 속에서 느끼고 행동하는 패턴의 뿌리는 많은 부분 가족에서 비롯된다고 한다. 어쩌면 헨리 8세가 앤과 메리와의 관계 속에서 흔들리고 불안정한 모습을 보이며 건강한 관계를 유지하지 못했던 것은 부모님과의 관계에서 성숙한 분화를 배우지 못했기 때문이 아닐까 싶다. 건강한 사람이 건강한 관계를 형성할 수 있고, 건강한 관계가 건강한 사람을 키운다.

진짜보다
더 진짜 같은

우리 의사 선생님

ディア・ドクター_

가짜가 진짜 행세를 하게 된
진짜 이유

하버드대 의과대학의 조지 베일런트Geroge Vailant교수는《행복의 조건 Aging Well》이라는 저서를 통해 우리의 행복을 결정짓는 것은 돈, 명예, 학벌과 같은 가치가 아니라 고난을 이기는 성숙한 방어기제, 교육년 수, 안정적인 결혼 생활, 비흡연, 적당한 음주, 규칙적인 운동, 적당한 체중 등 일곱 가지라고 말했다. 이 가운데 가장 눈에 띄는 것은 성숙한 방어기제다. 어떤 태도로 어떤 가치를 실현하기 위해 사는가가 행복의 중요한 조건임을 말해주기 때문이다.

영화〈우리 의사 선생님ディア・ドクター〉의 주인공 이노(쇼후쿠테이 츠루베 분)는 성숙한 방어기제 가운데 이타주의를 실현하는 사람이다. 그는 도시 의사로서의 혜택을 모두 등지고 의료 시설이 열악한 시골 마을에서 의술을 펼친다. 의사는 없는데 아픈 사람은 득실득실한 이 노인 마을에서 이노는 진료를 하는 유일한 의사 선생님이다. 그곳에서 그는 아플 때 몸과 마음을 의지할 수 있는 신적인 존재다.

그러던 어느 날 그가 감쪽같이 사라지고 마을은 순식간에 패닉 상태에 빠진다. 영화는 바로 이 지점에서 시작한다. 이후 영화는 행방이 묘연해진 우리의 의사 선생님 이노의 모습을 추적하며 우리가 잃어버린 의사 선생님의 이타성을 파헤친다.

그는
행복했을까?

이타주의를 실현하는 것이 행복의 중요한 조건 가운데 하나라고 하는데 그렇다면 이노는 이타주의를 실현하며 행복했을까? 영화는 그가 타인을 도우면서도 행복하지 못했음을 보여준다. 그가 진짜 아닌, 가짜 의사였기 때문이다.

그가 어떤 이유로, 또 어떤 경로로 진짜 의사인척하게 되었는가가 자세히 나타나지는 않지만 그의 존재는 그냥 '가짜'라거나 '사기꾼'이라고 명명하기는 어려운 어느 지점에 걸쳐 있다. 엄격히 말해 가짜가 진짜 행세를 하고는 있지만 영화 속 그의 모습 안에는 아픈 사람을 도와주고자 하는 진심이 담겨 있다. 존재는 가짜이나 마음은 진짜인 셈이다. 그래서 영화를 보다보면 어느덧 그의 마음에 공감하게 되고, 가짜 의사로서 그가 하루하루 느끼는 양심의 가책에 연민을 품게 된다.

이노는 명백히 행복하지 않은 이타주의자였다. 그는 행여나 자신이 부족해서 타인을 제대로 돕지 못할까 두려워 매일같이 공부하고 또 공부한다. 자신이 치료하는 환자들이 잘못될까봐 한시도 안도할 수 없고 언제나 도망가고 싶은 마음뿐이다. 진짜 의사들보다 더 열심을 다해 진료하는 그의 이타적 행위 밑에는 과연 어떤 마음이 깔려 있었을까?

그저 날아오는 공을
쳤을 뿐

▌영화는 다양한 시선으로 그가 가짜 의사가 되어 이타주의적인 행동을 하게 된 원인을 밝힌다. 먼저 사라진 의사 선생님을 찾아달라는 마을 사람들의 간곡한 부탁으로 수사를 벌이는 두 형사의 시선을 살펴보자.

그들은 이노를 직접 만난 적이 없고 '한몫 챙기려고 작정한 의사들'에 대한 편견을 보인다. 그리고 철저하게 외부인의 시선으로 이노의 행동을 바라보며 그가 그저 돈을 벌고 대접받는 것이 좋아서 의사 행세를 했다고 생각한다. 일반적으로 우리 사회에서 의사들이 누리는 지위와 수입을 생각하면 이런 추리도 가능하다.

하지만 이노가 가짜라는 것을 알면서도 도왔던 약품 판매원은 형사들의 가설에 일침을 놓는다. 그는 일부러 뒤로 넘어지는 척하면서 반사적으로 자신을 붙잡아주는 형사들의 모습을 보며 빙그레 웃는다.

"형사 님, 방금 다른 생각이 있어서 저를 구해주신 게 아니잖아요."

사람이 돈이나 명예와 같은 외부적인 보상에만 반응하는 것이 아니며, 이노 또한 뒤로 넘어지는 누군가를 반사적으로 붙들어주고 싶은 마음 때문에 가짜 의사가 될 수밖에 없었을 것이라고 말하고 싶은 것이다.

이노도 비슷한 이야기를 한 적이 있다. 방학 동안 시골 마을에 내려와 실습을 하던 인턴 의사 소마는 이노의 헌신적인 모습에 감동한다. 그래서 수련 과정을 마치면 시골로 내려와 이노처럼 훌륭한 의사가 되고 싶다고 진지하게 다짐한다. 그러면서 도시의 의사를 대변하는 자신의 아버지(사실은 진짜 의사)가 이노와는 반대로 너무 이기적이기에 부끄럽다고 말한다.

그의 말에 이노는 마치 무언가에 찔린듯 고통스러워한다. 진짜가 가짜를 존경하고, 가짜가 진짜의 역할모델이 되고, 진짜가 가짜에 비교당해 폄하되다니 그는 견딜 수가 없다. 이노는 결국 자신이 가짜임을 고백하고야 만다.

"난…… 진짜가 아니야. 그저 날아온 공을 쳤을 뿐. 마을 사람들은 그냥 부족함을 받아들인 것뿐이야."

그래도 소마는 그의 말을 믿지 않는다. 진짜보다 더 진짜 같은 의사 선생님이고, 가짜라고 하기에는 너무 이타적인 사람이기 때문이다. 소마는 오히려 왜 그렇게 겸손하기만 하냐면서 자신을 돌보라고 화를 낸다.

날아온 공을 친 것일 뿐이라는 이노의 말에서 우리는 그가 타인의 고통이라는 절박함을 그냥 두고 볼 수 없어서 가짜지만 의사가 된 것임을 알 수 있다. 그 절박함이라는 이름의 공에 반응하여 우연히 받아치기 시작한 이후로는 멈출 수 없었던 것이다. 돈이나 명예를 얻고 싶어서가 아니라, 타인을 돕고자 하는 사랑 때문에 빚어진 일이었다.

진정한 이타주의를
실현하기 위해

　이노는 결국 가짜임이 밝혀졌다. 그는 매일 밤 절박함 속에서 공부하면서, 자신을 보조하는 간호사나 인턴 의사의 도움으로 의사 신분을 지탱했다. 그리고 하얀 의사 가운과 펜라이트, 위조된 공문서를 바탕으로 의사가 되었다. 하지만 그를 진짜 의사이게 한 것은 이런 것들이 아니었다.

　이 영화는 진짜보다 더 진짜 같았던 이노를 통해 진정한 치료는 기술이나 지식이 아닌 태도와 정성, 그리고 신념에 기초하고 있다는 것을 잘 보여준다. 이노는 타인을 돕고자 하는 진실한 태도와 정성으로 무장하고 아픈 사람들 곁을 온전히 지켰다. 그가 진짜라고 믿었던 사람들은 거리낌 없이 자신을 내맡겼고 그럼으로써 치료받았다. 치료가 이루어지기 위한 진정한 조건은 치료자의 애정과 환자의 신뢰인 것이다. 영화는 그 존재가 진짜든 가짜든, 이타성이 어떤 방식으로 우리를 도울 수 있는가를 보여준다.

　내가 이타적인가 혹은 이기적인가, 정말 진실을 행하고 있는가를 고민할 때 이 영화는 좋은 거울이 되어주는 듯하다. 누군가의 고통을 덜어주는 동시에 보상을 받고 싶어 하는, 이타적이면서도 이기적인 우리들에게 이 영화는 진짜와 가짜의 경계를 허물었다 다시 세우는 힘을 말해준다.

사람이 이타적인 행동을 하는 이유는 무엇일까?

이노가 가짜 의사임이 밝혀졌을 때 마을 사람들은 충격에 휩싸인다. 그리고 차
갑게 돌변한다. 이장을 비롯한 마을 사람들은 이노에게 속았다는 마음에 허탈해
하고, 이노에게서 직접 고백을 듣고도 믿지 않았던 소마는 사실은 그가 진짜가
아니라는 것을 알고 있었지만 모른척할 수밖에 없었다고 냉담하게 말한다.

이렇게 돌변한 마을 사람의 태도를 보며 형사는 말한다.

"이노를 진짜로 만들려 했던 건 당신들이잖아."

결국 그를 의사로 만든 건 이노 자신이 아니라 가짜라도 진짜로 만들고 싶었던,
아플 때 어루만져주고 보살펴주는 이타주의적 영웅을 필요로 했던 사람들이라
는 것이다. 우리는 영웅을 염원하는 만큼 그런 영웅이 나타날 때마다 과도하게
이상화했다가, 그 사람의 결함이나 부족함이 발견되면 크게 평가절하한다. 진짜
와 가짜를 구분할 수 없었던 마을 사람들 또한 가짜에게 진짜를 요구했고 가짜
에게 환호했으면서도, 결국 가짜가 자신을 속였다며 돌아선다. 하지만 영화 속
이노가 비록 가짜 의사였다고 해도 그의 행위 바탕에는 남을 돕고자 하는 진심
이 있었다. 그는 왜 스스로 행복하지도 않은 이타주의적 행위를 하루하루 위태
롭게 계속해나갈 수밖에 없었을까?

정신분석 전문의 정도언 박사는 〈재난, 이기주의, 이타주의〉라는 글을 통해 이타주의에도 다양한 동기가 있다고 말한다. 그가 제시한 동기는 다음과 같다.

첫째, 자신이 과거에 경험한 역경을 떠올리며 그 사람의 처지를 공감해서 돕는 경우가 있다. 둘째, 방어기제로 이타적 행동을 할 수 있다. 그렇게 하지 않으면 마음이 불편해서 미리 이타적 행동을 하는 것이다. 셋째, 도덕적, 종교적 의무감에서 움직이는 경우다. 넷째, 남들을 도우면 나에게는 그런 일이 생기지 않을 것 같은 막연한 기대에서 행동하기도 한다. 다섯째, 자존감이 올라가기 때문에 남을 돕는다. 여섯째, 자신이 누군가를 도울 정도로 강한 사람이라는 것을 확인하고자 남을 돕는다.

이에 비춰 우리는 같은 행위 밑에도 다양한 마음이 깔려 있음을 알 수 있다. 진실은 단순히 겉으로 드러난 행위(누군가가 우리를 돕는다. 혹은 누군가가 우리를 속였다)만을 보고 판단할 수 없다는 것이다. 지하철에서 노인에게 자리를 양보하는 사람도, 오지에서 봉사활동을 하는 사람도, 타인의 생명을 구하기 위해 스스로 위험을 자처하는 사람들도 그 마음속에 다양한 동기가 숨어 있다. 당신은 언제, 누구를, 왜 도와주고 싶은가?

나르시시스트의
사랑과 변화

스위트 노벰버
Sweet November

인격 장애자의
딜레마

가끔 상담이 정말 필요할 것 같은데 상담소에는 절대 오지 않으려 하는 사람들 이야기를 듣게 된다. 그러다보면 이런 생각도 든다. 어쩌면 내가 상담실에서 만나는 사람들이 상담실에 오지 않는 사람들보다 훨씬 건강한 사람일지도 모르겠다는 생각.

역설적이게도 본인 스스로 심리적인 고통을 자각하고, 그 고통을 해결하기 위해 누군가의 도움이 필요하다고 느껴 직접 상담소를 찾는 경우는 어느 정도 건강한 사람이라 할 수 있다. 자신의 문제를 혼자서만 끌어안고 끙끙 앓는 것이 아니라, 타인과의 관계와 신뢰를 통해 적극적으로 해결하겠다는 의지를 보이고 있기 때문이다. 어쩌면 이렇게 스스로 자각하는 사람들 가운데는 심각하게 위태로운 사람은 없는 것인지도 모른다.

반면 주변 사람들이 힘들어하고 치료받기를 제안해도 예민하게 반발하거나 이리저리 피하기만 하는 사람들이 있다. 자신은 문제가 없을 뿐더러 어떻게 다른 사람을 믿고 내 얘기를 하느냐고 이들은 말한다. 어쩌면 이들이야말로 치료가 가장 필요한 것이 아닌가 싶다. 문제는 이들이 자발적으로 상담을 받으러 오는 일은 드물다는 것이다.

특히 인격 장애자들은 문제가 되는 성향이 성격으로 녹아들어 있기 때문에 자신에게 어떤 문제가 있다는 것을 스스로 인식하지 못한다.

전문 용어로는 이런 특성을 '자아 동조적'이라고 표현한다. 이런 사람들을 치료할 때 중요한 치료 목표는 자신의 어떤 성향이 사실은 타인과 건강하게 어울리고 살아가는 데 방해가 될 수 있음을 인식하도록 하는 것이다. 뭔가 시정할 필요가 있음을 '스스로' 인식하고 느끼게 해주는 것이다. 그럴 때 치료가 이루어지고 주변 사람들과도 훨씬 더 건강한 관계를 맺을 수 있게 된다.

물론 이 과정이 쉬울 리는 없다. 성격 구조를 바꿔보자고 제안한다는 것은 이들에게 너무나도 익숙한 틀을 포기하라고 하는 것이나 다름없다. 그래서 오랫동안 동일한 패턴을 유지하며 살아온 사람들은 자신의 '변화'를 자신을 '포기'하는 것으로 받아들이기가 쉽다. 변화의 제안이 위협으로 느껴지는 것이다.

인격 장애가 있는 사람들뿐 아니라 평범한 우리 역시 변화보다는 관성이 더 큰 힘을 발휘하는 삶을 살고 있다. 우리 안에 깊숙이 자리 잡아 이미 자신의 한 부분이 된 것과 작별하기란 무척 어려운 일이다. 그것이 나를 힘들게 하고 아픔을 주더라도 우리는 되도록 그것을 간직하고 싶어 한다.

그래서 변화를 시도할 때는 본래 우리에게 있던 요소가 어떤 문제를 일으키는지 직시하는 동시에, 변화가 얼마나 어려운 것인지도 인정하고 자신을 다독이는 것이 필요하다. 인격 장애자 역시 그런 조건 속에서만 변화될 수 있다.

나르시시스트의
위기

▌ 영화 〈스위트 노벰버Sweet November〉는 익숙한 과거의 모습과 결별하고 변화해가는 우리의 모습과 인격 장애의 치료 과정에 대한 은유라 할 수 있다. 광고업계의 간부로 승승장구하던 넬슨(키아누 리브스 분)은 어느 날 위기를 맞는다. 직장 동료들에게 안하무인으로 굴다가 결국 회사에서 잘린 것이다. 설상가상으로 애인도 떠나간다. 그녀가 떠난 이유 역시 직장 동료들이 그를 내친 이유와 같다.

완벽주의에 비인간적인 일중독자로, 나르시시스트로 살아오던 그는 그렇게 벼랑 끝에 몰리고서 위기의식을 느끼기 시작한다. 무언가 뒤틀리고 잘못된 자신의 삶을 '변화'시킬 필요성을 절감한 것이다. 그는 특권의식, 공감 결여, 착취적인 인간관계 패턴을 보이는 전형적인 '나르시시스트 인격 장애자'였고, 그런 위기가 닥치기 전까지는 자신에게 어떤 문제가 있는지, 어떤 변화가 필요한지 전혀 통찰하지 못했다.

영화 속 넬슨처럼 많은 인격 장애자들은 위기 상황에 다다르고 나서야 마지못해 상담을 받거나 변화를 시도한다. 그러나 변화는 하루아침에 이루어지지 않는다. 대부분의 사람들은 약간의 변화를 시도했다가 포기하거나, 위기에서 탈출하고 나면 또 다시 예전의 방식을 고수하게 되기가 쉽다.

이런 그들을 진정으로 변화시키기 위해서는 사랑과 수용, 그리고 시간이 필요하다. 영화 속 여주인공인 사라(샤를리즈 테론 분)는 넬슨이 변화할 수 있도록 돕는 상담자의 역할을 자처한다. 그녀는 평생 일중독자로 사느라 앞만 보고 달려온 넬슨이 자기 자신과 주변 사람을 돌아보고 사랑할 수 있도록 사랑과 포용의 세례를 듬뿍 퍼부어준다.

불치병 환자 사라의
프로젝트

사실 사라는 불치병을 앓고 있는 환자로 시한부 인생을 살고 있다. 하지만 짧은 여생을 슬퍼하며 자신에게 왜 이런 일이 닥쳤는지 분노하고 절망하는 대신, 남은 삶 동안 사랑이 필요한 사람들에게 사랑을 주어 변화시키겠다는 목표를 세운다. 그래서 그녀는 순간순간을 사랑으로 산다. 한 달에 한 명의 남자와 동거를 하면서, 그 남자에게 생명과 사랑의 기운을 불어넣어 주기로 한 것이다.

다른 사람의 삶에 긍정적인 변화의 씨앗을 뿌린다면 후에 그 열매를 보거나 누리지 못하게 되더라도 자신의 사랑의 의미는 살아남으리라 생각한 모양이다. 그리고 11월의 동거남으로 뽑힌 넬슨은 그녀와 함께 하면서 점차 변화하게 된다. 그렇게 단단한 껍질처럼, 철의 장막처럼 견고하던 그의 세계가 사랑에 조금씩 물들어간다. 넬슨은 차차 자신을 돌아보고 변화하며 결국 사라를 사랑하게 되기에 이른다.

그녀를 만나기 전까지 그는 그 누구도 그에게 진정한 사랑을 주지 않았기에 그 누구도 진정으로 사랑할 수 없었다. 자신만을 사랑하고 자신만을 지키려 발버둥 치던 그가 나르시시스트의 껍질을 깨고 나와 다른 누군가를 껴안을 수 있는 사람이 된 것이다. 급기야 그는 그토록 혐오하고 두려워하던 결혼까지 원하게 된다. 실로 엄청난 변화인 셈이다.

사랑은 병든 마음을 치유한다

영화는 넬슨과 사라의 사랑을 통해, 넬슨이 치유되는 과정뿐 아니라 두 사람이 서로를 치유하는 과정도 보여준다. 사랑은 일방적인 것이 아니라 상호적인 것이다. 시한부 인생을 살면서 자신에게 남은 사랑을 아낌없이 쏟아주고 싶었던 사라는, 정작 자신이 타인에게서 사랑받을 수는 없다고 생각했다.

어쩌면 그녀가 사랑을 베푼 것은 자신도 그렇게 사랑받기를 열렬히 원했기 때문일 수도 있는데, 그 사랑이 현실로 다가와 넬슨이 고백하자 그녀는 뒷걸음칠 수밖에 없다. 가장 원하던 것이지만, 결코 받을 수 없는 것이라 생각한 것이다. 시한부 인생을 사는 그녀에게 사랑은 단지 주는 것이고 희생적인 것이었을 뿐, 상호적이고 기대할 수 있는 것은 아니었다. 그래서 사랑도 한 달 단위로 끊어서 할 수밖에 없었던 것이다.

　이제 넬슨은 타인의 아픔을 공감하지 못하고, 특권의식에 젖어 성취만을 좇고, 다른 사람을 도구로 착취하고 이용하던 태도에서 벗어났을 뿐 아니라 사라의 아픔까지 끌어안는 성숙한 사랑을 하고자 한다. 사랑을 받고 또 돌려줄 수 있는 그는 이제 더는 나르시시스트도, 인격 장애자도 아니다.

나르시시스트의
갑옷

▍나르시시스트들은 매력적이긴 하나 오래 함께하기는 어려운 사람들이다. 그러나 그들의 진짜 마음을 들여다보고 그들을 제대로 알게 되면 그만큼 힘든 사람도 없을 것 같다. 이들은 홀로 있을 때 가슴 절절히 외로움을 느끼고, 이 외로움에서 벗어나기 위해 자신의 마음을 열지는 않으면서 다른 사람의 마음을 조종하고 이용한다. 카사노바처럼 방황하거나, 일에만 미친듯이 몰두하는 등 헛헛한 인생을 살면서도 그렇지 않은척하려 한다.

　그들이 느끼는 외로움과 고독감, 헛헛함이 보통 사람보다 더 깊고 크기에 그 감정을 느끼지 않으려고 그렇게 발버둥 치는 것인지도 모르겠다는 생각을 해본다. 방어와 부정의 갑옷 속에 숨겨진 자신의 모습이 너무도 나약하기에 그 갑옷을 벗을 생각을 하지 못하는 것이다.

　영화 〈스위트 노벰버〉는 이런 나르시시스트마저, 영원한 사랑을 꿈

꾸지 못하는 시한부 환자의 아픔마저, 사랑으로 모두 치유가 가능하다
는 것을 이야기한다. 육체적인 불치병에 걸린 사람이 마음의 불치병을
앓는 사람을 사랑하고, 자신의 상처와 타인의 상처를 함께 치유하는
과정에서 사랑의 진정함 힘이 드러난다. 누군가를 사랑할 능력이 남아
있는 한, 우리는 모두 무한한 변화의 가능성을 품고 있다.

다른 사람의 말에 민감한 것은 자존심 때문일까?

자존심은 자존감과 다르다. 흔히 자존심이 세서 타인의 말에 민감하게 반응하게 된다고 생각하기 쉬운데, 사실 이는 자신을 사랑해서라기보다 그렇지 않아도 깨질듯 약한 내가 행여나 더 상처 입거나 손상될까봐 두려워하는 마음을 반영한다. 진정으로 나를 사랑하고 존중하는 마음이 탄탄하게 자리 잡은 사람이라면 '너무 센' 자존심 때문에 그렇게 전전긍긍하지 않는다. 타인의 비판에 흔들리지 않고 자신에게 필요한 비평은 겸허히 받아들일 줄 알기 때문이다.

최근 많은 학자들은 부정적인 개인의 성격 특성으로 자기애에 대한 연구를 활발히 진행하고 있다. 그들은 자기애가 겉으로 드러나는 모습에 따라 크게 외현적 자기애와 내현적 자기애, 두 가지로 나눌 수 있다고 설명한다. 먼저 외현적 자기애를 지닌 사람들의 특징은 강한 자기애를 분명히 드러낸다는 것이다. 우리가 흔히 말하는 공주병이나 왕자병, 허세를 부리는 허풍쟁이가 이에 해당한다. 반면 내현적 자기애를 지닌 사람들은 자기애를 겉으로 드러내지 않는 대신 속으로 힘들어한다. 타인의 평가와 반응에 예민한 모습을 보이고 자존심에 쉽게 상처를 입기도 한다.

정도의 차이가 있고 드러내는 방식에 차이가 있을 뿐, 모든 사람의 마음 속에는 소모적인 이 두 가지 자기애가 들썩이고 있다. 부정적인 방식으로 나타난 자기애는 실상 우울하고 불안하며 약한 내 모습을 보상하고 싶은 마음에서 발현되는 것이다. 그러니 누군가가 나의 자존심에 생채기를 냈다며 비난하기 이전에 내 마음을 돌아보는 것이 필요하다. 내가 너무 연약해서 건설적인 비평조차 못 받아들이거나, 혹은 그냥 무시해버려도 되는 이야기에 연연하는 것일 수도 있기 때문이다.

Chapter 4
사랑과 욕망

신여성이
탄생하다

아내가 결혼했다
My Wife Got Married

보편성을 강조하는
진화심리학

▌진화심리학적으로 남녀관계를 분석했다는 책들을 읽다보면 고개가 절로 갸우뚱해질 때가 많다. 대부분의 책들은 남성이 종족 보존의 욕구 때문에 더 많은 여성을 만나 많은 아이를 낳고 싶어 하는 반면, 여성은 아이를 임신하고 낳고 키우기까지 남성보다 더 많은 시간과 노력과 자원을 필요로 하기 때문에 자신과 아이에게 양식을 가져다주고 헌신해줄 한 명의 남성이면 충분하다고 설명한다.

그러나 이러한 설명은 변화하는 사회 속 다양화되는 남성과 여성의 성역할을 따라가지 못하고 구시대의 고정관념에만 기초한 논거를 무비판적으로 메아리치는듯한 느낌을 준다. 현상을 설명한다기보다 합리화하려는 시도가 엿보이기 때문이다.

최근 많은 여성들이 전통적으로 남성 고유의 영역이라고 생각되던 분야에 진출하고, 남성들 또한 여성 고유의 영역이라 인식되던 분야에 진출해 활동하고 있다. 양성평등을 기치로 남성의 역할과 여성의 역할이라는 명확한 구분은 점점 희미해졌고 사람들의 인식 또한 많이 달라졌다. 그런데도 육아와 양육의 짐을 여성에게 떠안기고, 여성다움이란 성적으로 더 보수적이며 관계 지향적인 성향이라고 은근히 압력을 가하는 사회 분위기는 완전히 사라지지 않았다.

반면에 남성들은 천성적으로 성취 지향적이고 성적으로 더 개방적

이며, 어딘가에 속박되는(특히 한 여성에게) 갑갑함을 견딜 수 없다는 논리
도 대중의 입에 자연스레 오르내린다. 그래서 남자들은 가끔씩 동굴에
들어가 혼자만의 공간을 충분히 누린 후에야 동굴 밖으로 나와 가장으
로서 의무를 다할 수가 있다고 말하기도 한다. 하지만 일반론을 들어
남성과 여성의 보편적인 경향을 이야기한다면 남녀의 성차에 대한 엇
갈린 주장이 끝없이 이어지면서 결론 없고 알맹이 없는 토론이 계속될
것이다.

그러한 토론의 한복판에 구체적인 화두를 던지는 영화가 바로 〈아내
가 결혼했다〉이다.

결혼이라는
제도권 밖의 일탈

동명의 소설을 기초로 한 영화 〈아내가 결혼했다〉는 한 남자가 한 여
자를 소유하고 아내의 의무와 기대를 강요하는 제도에 의문을 제기한
다. 줄거리만으로도 진화심리학적인 설명은 물론 우리 사회의 일반적
기대와 고정관념을 한 번에 전복시키는 힘을 가진 영화다.

기존 사회의 틀에 익숙해져 있고 주도권을 빼앗기고 싶어 하지 않는
사람들은 이 영화에 불편함을 느낄법도 하다. 그래서인지 영화를 보던
많은 중년 신사들이 처음에는 헛기침을 하다가 아내 인아(손예진 분)가
급기야 '다른 남자와도 결혼하고 싶다'는 조심스러운 고백을 하는 순

간, 캄캄한 영화관 속에서 빛나는 비상구를 등대 삼아 자리를 떴다고
한다.

스스로 '보수'와는 거리가 멀다고, 꽉 막힌 사람은 아니라고 자부하
던 사람들조차 이 영화의 줄거리를 마음 편하게 따라가기는 어려울 것
이다. 어떤 이들은 이건 모두 영화고 소설일 뿐이라며 '여자가 손예진
정도니까 가능한 얘기'라고 일축한다. 이들의 말마따나 여주인공 인아
는 매력적이다. 깜찍발랄하고 대책 없는 히피면서 한없이 사랑스럽다.
세상 모든 여자를 연애할 여자와 결혼할 여자로 나눈다면 짧은 연애
정도는 기꺼이 해볼 만한 대상일 것이다.

프로그래머가 직업인 그녀는 남자에게 전혀 의존적이지 않다. 축구
에 관한 대화를 맛깔나게 받아치고, 늦은 밤까지 이어지는 술자리에서
도 뒤로 빼는 법이 없으며 때로는 "집에서 커피 한잔하고 가라"고 먼
저 유혹할 줄도 안다. 많은 머슴이 승냥이 떼처럼 침을 흘릴 만큼 섹시
하다. 연애의 무덤이라는 결혼 제도의 테두리 안으로 그녀를 끌고 들
어가고자 하는 욕망만 내려놓는다면 세상 모든 남자가 그녀와 함께 하
기를 꿈꿀 것이다.

이 영화에서는 지금까지 우리가 일반적이라고 생각했던 결혼 후 남
녀의 구도가 완전히 뒤바뀐다. 흔히들 생각하는 아내와 남편의 모습은
이러할 것이다. 여자는 잔소리하고 불평하고 요구하고 남자를 변화시
키려 하는 반면, 남자는 여자의 구속과 집착에서 벗어나려 하거나 마

지못해 떠밀려 무언가를 하는 등 관계의 중심에 적극적으로 들어서려
하지 않고 겉돈다. 그럴수록 여자는 더 잡아매려는 욕망에 고통스럽
고, 남자는 남자의 길을 방해하지 말았으면 하는 마음에 고통스럽다.
둘 다 관계 속에서 힘들어지는 것이다.

이 구도를 전복시킨 영화를 보면서 남성들이 어느 정도 불편함을 느
끼는 것은 당연한 일일듯하다. 그렇다면 여성들은 마냥 해방감을 느낄
까? 완전히 그렇지도 않은 것 같다. 이 영화를 보던 많은 여성들도 불
편함과 동시에 '아무리 영화라지만 정말 저래도 될까?' 하는 조바심을
느꼈다고 하니 말이다. 주인공 인아가 너무 솔직하고 대담하기 때문이
다. 결혼이라는 제도가 기대하는 확고한 틀 내에 묶여 살면서 속으로
만 일탈을 꿈꾸거나, 일탈을 하더라도 숨기려 하는 보통 사람들에 비
해 인아는 불편할 만큼 솔직하다.

그녀는 '그냥 남편만 하나 더 갖겠다'는 소박한 꿈을 실현하기 위해
두 남자와 동시에 살림을 차린다. 결혼을 하고도 '내가 더 나 자신 같
이 살고 싶어서' 또 결혼을 하고 싶단다. 참으로 '막 나가는 여자'가 아
닌가 싶다.

발설할 수 없는
내밀한 욕망

인아의 발칙한 도발에 어안이 벙벙해진 관객들은 남편 덕훈(김주혁 분)

과 일반적인 공식으로는 분명 '세컨드'가 되는 재경(주상욱 분)의 반응에 더 놀라게 된다. 이들의 모습은 두 집 살림을 하는 남자에게 목을 매는 여자들과 다를 바 없다. 서로를 질투하고 견제하고, 바람을 피운 아내보다 상대방 남자를 더 미워하며 내가 그보다 더 나은지 은근히 떠보고, 딸아이의 이름 가지고도 옥신각신 다툰다. 두 집 살림을 하는 남자들은 보통 두 가족 모두를 안정적인 경제력으로 지원한다지만, 인아는 그런 것 같지도 않다. 일반적인 아내들이 하는 집안일과 누구의 아이인지도 애매한 딸의 육아 정도가 그녀가 하는 일이다. 그러고 보면 참 뻔뻔하다.

인아라는 돌연변이를 만나 정신없이 사랑에 빠진 덕훈은 처음에는 가부장제의 규칙과 틀을 버팀목 삼아 그녀를 붙잡아둘 궁리를 한다. 인아가 평생 너 하나만 사랑할 수 없을지도 모른다고 하고, 다른 남자와 자고 왔다고 당당히 말할 때는 토라지고 화를 내기도 하지만 어떻게든 그녀를 구속하기 위해 청혼을 하고 어렵게 결혼에 골인한다. '결혼을 해버리면 내 것'이 될 거라 기대했던 것이다. 그러나 그녀는 그의 것이 되지 않았다. 결혼 후에도 요리조리 피해 다니는 미꾸라지처럼 자유를 추구하던 인아는 "결혼을 해보니 삶 전체가 포개지는 느낌이 좋다"며 또 결혼을 하겠다고 말한다. 이런 인아의 욕망은 진화심리학의 설명에서 완벽히 벗어난 역주행이자, 이 사회에서는 결코 발설될 수 없는 욕망이다. 남자들조차 바람을 피우면서 이렇게까지 솔직하지는 못할 것이다.

세컨드 격인 재경 역시 가부장적인 공식으로는 이해가 되지 않는다. 자신의 핏줄에게 자원을 투자하는 것은 굳이 학문적 이론이나 실험 결과를 들먹이지 않아도 될 만큼 상식적인 일이건만, 애초부터 인아의 딸이 자신의 아이가 아니라는 것을 알면서도 친딸처럼 키우고 보살피고자 한다. 사랑의 힘인지, 아니면 어딘가 모자란 게 아닌 건지 하는 의문이 들 정도다.

일부일처제의 신화를 깨다

이 영화는 우리가 진리라 생각했던 일부일처제라는 관계의 법칙에 '굳이 지켜야 하는가?'라는 의문을 던진다. 우리는 이성 간의 사랑이란 한 번에 한 명과만 하는 것이 정상이며 나눌 수 없는 것이라 생각한다. 하지만 인아는 둘을 사랑하면 그 사랑은 '반으로 나뉘는 게 아니라 두 배가 되는 것'이라고 한다. '기쁨은 나누면 두 배가 되고 슬픔은 나누면 반이 된다'는 유명한 경구를 떠올리게 하는 대목이다. 그렇다면 우리는 왜 기쁨과 슬픔이라는 감정은 마음대로 부풀렸다 줄였다 하면서, 사랑만큼은 꼭 한 사람하고만 해야 한다고 믿게 되었을까? 왜 꼭 남편은 한 사람이어야만 할까?

우리가 당연하다고 생각하고 믿고 행하는 일부일처제와 가부장제는 우리가 제도권 내에서 성장하고 사회화되면서 자연스럽게 습득하

는 심리학적인 틀이다. 여러 이론과 도덕, 훈계와 규율, 상식과 고정관
념은 이런 심리학적 틀을 떠받친다. 이것은 우리가 안심하고 외줄타기
를 하도록 지켜주는 그물망과 같은 것이고, 같은 사회 속의 타인들도
지키기에 마땅히 참고해야 하는 행동 지침이며, 수많은 정보와 가능성
의 홍수 속에서도 길을 잃지 않게 이끌어주는 등대 역할을 한다. 우리
는 이런 견고한 틀을 자연적이고 당연한 절대 법칙이라 생각하기 때문
에 이를 깨면 큰일이라도 날 것처럼 여긴다.

한편으로 하나의 사회가 일부일처제라는 체제를 존속하기 위해서는
사회 구성원들에게 이 제도만이 참이라는 인식을 심어줘야 한다. 따
라서 일부일처제를 벗어나려는 시도가 있을 때는 직·간접적인 위협과
처벌을 가한다. 그런 도전은 이미 그 체계를 따르고 있는 수많은 사람
들을 불안하게 만들기 때문이다.

하지만 우리는 또한 체계 속에서 일탈을 꿈꾸기도 한다. 대부분의
사람들은 한번쯤 그 틀을 깨보고 싶어 하지만, 울타리 밖으로 벗어나
자유를 얻는 대가로 그 안에서 누리던 소속감과 안정을 뺏기는 것이
두렵기에 도발을 그저 상상만 할 뿐이다. 이렇게 소심한 소시민들은
영화 속 인아가 반듯한 울타리를 무참히 깨버리고 상상을 현실로 옮기
는 과정을 지켜보면서 아찔한 통쾌함을 느끼게 된다. 우리는 틀을 깨
는 모든 실험에 대해 한편으로는 불편함을, 또 한편으로는 통쾌함이라
는 양가감정을 느끼는 것이다.

포스트모던
인생

▎영화 속에서 인아는 발칙하게도 우리 머릿속의 가장 견고한 틀을 깬다. 이 영화를 그리 유쾌하게 감상하지 못한 사람들의 심정도 이해할 만하다. 우리가 틀을 포기하지 못하는 이유는 여기에 우리를 보호하는 힘이 있기 때문이다. 우리가 의지하는 절대적 법칙과 규칙은 우리가 사회 속에서 타인과 소통할 수 있게 돕는다.

한마디로 일부일처제는 우리가 안정감을 느끼며 관계에 투자할 수 있도록 해주는 관계의 마지노선이다. 그렇기에 두 남자와의 관계에서 거침없이 공식과 틀을 깨던 인아도 나름대로 노력한 부분은 있다. 그녀는 성실하고 똑 부러지는 며느리였고, 애정 넘치는 엄마였다. 어떤 사람은 그것이 인아의 한계라고 지적할지도 모르지만, 나는 그 점이 그녀의 전복적인 본질을 상쇄하지는 않는다고 생각한다. 삶의 모든 영역에서 선을 넘는다는 것은 아예 관계를 포기한다는 의미기 때문이다. 게다가 그녀는 몸서리쳐지도록 섹시한 여성이자, 함께 있으면 숨통이 트이는 것 같은 매력적인 사람이기도 했다.

영화는 현실을 실험하는 장이기도 하다는 점을 생각해보면, 이렇게도 짜릿하고 통쾌한 현실 속 인아를 실제로 만날 날도 머지않을 것만 같다.

왜 남자는 젊고 예쁜 여자를, 여자는 능력 있는 남자를 좋아할까?

진화심리학은 생명이 진화하고 번식하는 전체적인 그림 안에서 우리의 행동을 설명한다. 그러다보니 인류의 과업인 '재생산'이 우리에게 미치는 영향에 주목하며, 특히 우리가 어떤 배우자를 선택하는가에 큰 관심을 보인다. 학자마다 차이는 있지만 일반적으로 진화심리학은 이렇게 설명한다.

남자들에게 젊고 예쁜 여자란 건강한 아이를 많이 낳아줄 가능성을 의미한다. 반면 여자들에게 능력 있는 남자란 아이를 임신하고 양육하는 기간 동안 필요한 물질적 자원을 안정적으로 공급할 수 있음을 의미한다. 결국 표면에 드러난 특성이 함축하는 '재생산 능력'에 따라 남녀의 인기가 달라진다는 것이다.

역사 이래로 남녀의 차이에 대한 논쟁과 설명은 심리학뿐 아니라 모든 학문에서 계속되어왔다. 최근에는 남녀의 뇌가 어떻게 다른가를 잣대로 차이를 설명하려는 시도도 자주 등장하고 있다. 이런 설명에 따르면 뇌의 작은 차이가 남녀 사이에 엄청난 차이를 불러오는 듯하다.

그러나 남녀의 차이에 관한 모든 학문적 논의는 일반적인 경향을 말하는 것일 뿐, 서로 다른 개개인의 차이까지 아우르지는 못한다. 보통 남자들이 여자보다 충동적이고 여자들이 자녀 양육에 필요한 관계적 속성을 더 많이 갖추고 있다고 하지만 실제로는 남자보다 더 '욱하는' 여자들도, 여자보다 공감 능력이 더 뛰어난 남자도 많다.

영화 속의 인아와 남편들처럼 실제 우리 사회에는 진화심리학으로는 설명이 불가능한 다양한 사람들이 한데 어우러져 살고 있다. 아이를 낳지 않기로 결심하는 딩크족이 점차 늘고 있으며, 여성이 더 나이가 많은 연상연하 커플도 심심찮게 눈에 띈다. 그러니 젊고 예쁘지 않다고, 아직 능력을 갖추지 못했다고 실망하지 말자. 사랑은 단순히 아이를 낳아 기르기 위한 파트너십이 아니라 그 이상을 포괄하는 것이기 때문이다.

완벽하지 않아도
괜찮아

사랑의 레시피
No Reservations

불순물 없는 완벽을
지향하는 삶

케이트(캐서린 제타 존스 분)에게는 남자친구도 없고 친구도 없다. 하루하루 전쟁과 같은 주방에서 호령하고 통제하며, 엄선하고 평가하고, 사람들의 오감에 완벽한 만족을 선사할 음식을 가장 빠르고 정확하게 내놓는 데 집중할 뿐이다. 이른 새벽에 일어나 시장에 가서 직접 물건을 고르고 집과 레스토랑만을 오가는 그녀의 일상에 다른 불순물이 끼어들 여지는 없어 보인다.

물론 그녀에게도 이웃이 있고 동료가 있기는 하다. 하지만 이웃집 남자가 데이트 신청을 해와도 케이트는 일언지하에 거절한다. 이유는 단 하나, '같은 빌딩에 사는 남자와는 데이트를 하지 않는다'는 자신의 원칙을 깨지 않으려는 것이다. 이처럼 그녀의 인생에는 꼼꼼한 레시피처럼 정갈한 원칙들만이 들어차 있다.

이렇게 빡빡한 원칙 속에 살고 있는 그녀를 보며 누군가는 대단하다 하고, 또 누군가는 갑갑하다 하고, 또 다른 누군가는 재수 없다 할 것이다. 케이트의 사장은 그녀를 걱정하여 심리치료를 권유하기도 하지만, 상담 시간에도 그녀는 시종일관 레시피와 음식 그리고 자신의 원칙만을 이야기할 뿐이다. 통제 가능한 음식과 레시피가 있는 주방이 아닌, 일상적인 삶의 어떤 요소에도 관심이 없기 때문이다.

그녀는 왜 이렇게 완벽한 삶을 지향할까? 그리고 완벽한 원칙에 따라 불순물 없는 삶을 사는 것이 가능하기는 한 일일까?

균열이 생긴 원칙,
그리고 말랑말랑해진 나

　버석버석한 사막의 모래처럼 건조했던 케이트의 일상은 그녀의 인생
에 꼭 필요한 두 사람이 나타남으로써 새로운 국면을 맞게 된다. 바로
언니의 갑작스러운 죽음으로 맡아 기르게 된 조카 조(애버게일 브레슬린 분)
와 새로 들어온 부주방장 닉(애런 에크하트 분)이다.

　하루아침에 사랑하는 엄마를 잃은 조카와 함께 살게 된 케이트는 당
황하기 시작한다. 유일한 혈육이었던 언니를 잃고도 곧바로 레스토랑
에 출근했을 만큼 철두철미한 그녀지만 상심한 아이 앞에서는 속수무
책이다. 그녀는 아이를 잘 보살펴주고 싶은 마음을 어떻게 표현해야
할지 몰라 허둥댄다. 양육조차 완벽한 원칙에 따라 '잘'하고 싶었을 뿐,
'어떻게' 해야 하는지는 몰랐던 것이다. 레시피에 따라 완성되는 음식
처럼 양육에도 제때 적절한 안내를 해주는 레시피가 있다면 좋으련만,
현실은 그렇지가 못하다. 그렇게 케이트의 삶을 지탱하던 원칙들은 조
와 함께하는 시간을 통해 조금씩 균열이 가기 시작한다. 그리고 견고
했던 그녀는 점점 말랑말랑해진다.

　주방에서는 그 말랑말랑해진 틈을 헤집고 닉이 들어선다. 닉 역시
케이트와 마찬가지로 유능한 요리사지만 그녀와는 정반대의 방식으로

삶을 살아가는, 말하자면 무원칙주의자다. 닉은 삶을 통제하기보다 인
생의 물살에 자신의 몸을 맡기는 그런 유형의 사람이다.

예측 가능성과 통제력을 통해 최고를 만들어내는 그녀와 달리, 그는
그때그때 상황에 맞춰 즐기며 최선을 창조한다. 이런 삶의 태도는 주
방에도 여실이 반영된다. 케이트의 주방이 고함과 재촉과 명령과 긴장
된 종종걸음을 배경음으로 한다면, 닉의 주방에서는 오페라가 흐르고
웃으며 합작하는 여유가 연출된다. 그의 유유자적하고 긍정적인 에너
지는 주방의 모든 사람들을 기분 좋게 하지만 오직 한 사람, 주방장인
케이트만은 이를 지켜보기 힘들어한다.

처음에 그녀는 닉이 연출하는 자유로움과 즉흥성이 무질서와 실패
를 가져오리라 예상하며 상황을 있는 그대로 즐기지 못한다. 그러나
그녀처럼 만반의 준비를 한다고 해도 삶은 언제나 우리에게 예측 불가
능한 불순물을 던지게 마련이다. 그리고 때로는 그 불순물 덕분에 우
리 삶은 더 풍성하고 즐거워진다. 지금을 충분히 즐기지 못하고 그 안
에서 행복할 수 없다면, 원칙과 완벽은 우리의 소소한 행복에 걸림돌
이 될 뿐이건만 케이트는 이 사실을 쉽게 받아들이지 못한다.

틀에서 벗어나는 것이
끔찍하게 두렵다면

영화가 이 지점에 다다르면 관객들은 이제 이야기가 어떻게 흘러갈

지 짐작할 수 있을 것이다. 조가 엄마를 잃은 슬픔에서 점점 벗어나는 사이, 케이트는 이런저런 시행착오를 통해 조와 공존하는 방법을 터득한다. 동시에 그녀는 더 새롭고 유연하며 행복한 삶의 관점을 세우게 된다. 그리고 예측 불가능하며 어떠한 법칙도 완벽히 적용되기 어려운 사랑이라는 관계에도 뛰어든다. 이제 케이트의 삶에는 예전보다 더 많은 불순물이 끼어들게 되었고 통제할 수 있는 부분은 급격히 줄어들었다. 하지만 사실 우리의 삶은 예상하거나 기대하지 못한 사건들 때문에 더 살만한 것이 아니겠는가?

틀에서 벗어나는 것이 끔찍이 두려운 사람, 삶이 기대했던 대로 풀리지 않아 억울한 사람에게 이 영화를 추천한다. 삶은 우리에게 어떠한 레시피도 쥐어주지 않는다. 마치 500원짜리 동전을 넣으면 열두 개의 야구공이 무작위로 쏟아지는 기계처럼 삶은 예상 밖의 일들을 수시로 펼쳐 보인다.

그 기계 앞에서 공이 오길 기다리는 우리는 낮은 공, 높은 공, 변화구, 직구 등 모든 공을 제대로 쳐내려 애쓴다. 가끔은 공을 놓칠 수도 있고, 기계가 고장 나 공이 열한 개만 나오기도 한다. 헛스윙을 하다 허리를 삘 수도 있고, 공이 방망이 대신 내 몸에 맞기도 한다. 하지만 그 공을 다 못 쳐내도 우리 삶은 그럭저럭 잘 굴러간다. 마찬가지로 지금 내 모든 것을 걸었다고 생각한 일이 어그러질지라도, 삶은 결코 멈추거나 끝나지 않는다.

가장 좋은 요리법은
스스로 만들어보는 것

하던 일이 어긋날 때, 사랑하던 누군가가 떠나갈 때, 갑작스레 병이 났을 때, 오래 준비한 시험에 떨어졌을 때, 우리는 쉽게 '전부'를 말하며 절망하곤 한다. 하지만 음식과 주방에 인생 전부를 걸었다고 말하는 케이트에게 닉은 이런 말을 한다. "전부가 아냐. 단지 일부일 뿐이지." 닉의 말처럼 설혹 기대했던 원칙과 틀이 무너졌다 해도, 그래서 모든 것이 다 실패로 돌아간 것 같아 절망하게 되더라도 그 일은 우리 삶의 '전부'가 아닌 '일부'에 불과하다. 한쪽 문이 닫히면 다른 쪽 문이 열리는 것이다.

완벽한 삶의 레시피를 찾는 케이트의 모습은 우리 안에도 어느 정도는 존재한다. 하지만 케이트의 상담자가 말했듯 '가장 좋은 요리법은 스스로 만들어보는 것'이다. 부딪쳐보고 시도하는 데서 좋은 요리도, 멋진 삶도 나올 수가 있다.

이 영화는 자신을 좁은 삶 속에 가둔 채 웅크리고 있지만 말고, 실험 정신과 여유를 발휘하라고 말한다. 삶의 모든 돌발 상황에 마음의 준비를 단단히 하되, 즐겨보라는 것이다.

완벽주의는 왜 우리를 힘들게 하는가?

완벽주의자란 자신과 타인에게 지나치게 높은 기준을 적용하는 사람을 말한다. 우리는 흔히 '완벽주의'하면 까다롭고 경직된 모습을 연상한다. 닉과 조를 만나기 전의 케이트처럼 말이다. 그런데 겉으로 보기에는 딱히 완벽주의자처럼 보이지 않는 사람들 중에도 완벽주의 신념 때문에 고통받는 사람들이 종종 있다. 또한 완벽주의자긴 하지만 행복하고 건강한 방식으로 삶을 꾸리는 사람들도 있다. 완벽주의자가 한 가지 고정된 모습을 보이는 것도 아니고 완벽주의가 꼭 나쁜 것도 아니라는 이야기다.

완벽주의가 우리를 힘들게 하는가, 그렇지 않은가는 그 행동이 합리적인 신념에 바탕을 두고 있는가, 그렇지 않은가에 달렸다고 할 수 있다. 심리학자 앨리스A. Ellis는 우리를 힘들게 하는 비합리적 신념들을 제시했는데, 그중 완벽주의와 관련된 것을 뽑아보자면 다음과 같다.

1 하나가 망가지면 다 망가진 것이라는 실무율적All-or-Nothing 사고

어떤 사람은 열 가지 중 하나가 잘못되면 전체가 다 망가졌다고 생각하며 괴로워한다. 아홉 가지나 잘되었음에도 하나가 잘못되었기에 의미가 전혀 없다고 생각하는 것이다. 열심히 하다가도 한 가지가 흐트러지면 처음부터 다시 해야 된다고 생각하거나 다 포기해버리고 싶은 마음이 든다면 자신을 다시 돌아보라. 우리의 모든 시도에는 의미가 있고, 전부가 아닌 일부분이 잘되는 것 역시 성공으로 볼 수 있기 때문이다.

2 반드시 그래야 한다는 당위적 사고

'해야지,' '했어야지' 만큼 우리를 힘들게 하는 것은 없다. 그런데 완벽주의자일수록 이런 당위적 생각에 자신을 쉽게 빠뜨리고 옭아맨다. 이렇게 되면 우리는 스스로에게 만족하지 못하고 불안해하며, 우울해지기가 쉽다. 당신에게 이런 경향이 있다면 스스로를 옭아매는 사고를 좀더 유연하게 풀어줄 필요가 있다.

3 모든 것이 나와 연관된 것 같은 개인화 사고

개인화는 자신과 관련이 적거나 아예 없는 사실을 자신과 연결 지어 생각하는 것을 의미한다. 프로젝트가 잘되지 않거나 누군가의 표정이 좋지 않을 때도 자신 때문이라고 생각하며, 사람들의 중립적인 피드백에도 과민하게 반응을 하는 것이다. 개인화는 주로 부정적인 사건 속에서 자신의 책임이나 영향력을 지나치게 평가한다는 점에서 우리를 괴롭힌다. 모든 면에서 완벽해지고 싶어 하는 사람들은 타인의 평가나 감정을 통제하고자 하기 때문에 쉽게 개인화의 늪에 빠진다. 이 늪에서 빠져나오기 위해서는 객관적이고 중립적으로 상황을 바라보고, 다양한 관점에 마음을 열고 소통하는 자세가 필요하다.

그밖에도 우리를 힘들게 하는 경직된 사고에는 감정적인 방식으로 결론 짓는 '정서적 추론,' 합리적인 근거없이 결론짓는 '자의적 추론,' 소수의 고립된 사건 만을 갖고 전체를 판단하는 '선택적 추론'이 있다.

다른 어떤 외부의 틀보다 우리를 힘들게 하는 것은 바로 우리 내부에 있는 완벽주의라는 이름의 경직된 틀이다. 우리의 사고는 우리의 감정과 행동, 그리고 행복과 건강에 큰 영향을 미친다. 그러니 힘들고 갑갑한 순간마다 잠시 멈춰 서서 내 마음을 돌아보자. 지금 나를 힘들게 하는 생각은 과연 합리적인가를 곱씹어 보며.

왜 꼭
그녀여야 하는가?

나의 특별한 사랑 이야기
Definitely, Maybe

당신은 어떤 사람과
데이트를 하고 싶은가?

이 세상에는 다양한 유형의 여자가 있다. 섹시한 여자, 지적인 여자, 강인한 여자, 재미있는 여자, 화려한 여자, 미모가 빼어난 여자, 평범한 여자 등등……. 그러면 남자들에게 '이 중 어떤 유형의 여자에게 가장 끌리느냐?'고 묻는다면 어떻게 대답할까? 실제로 미국의 한 사이트(health.discovery.com)에서는 이에 관한 실험을 했다. 한 여성이 다양한 유형의 여자로 꾸미고 남성들에게 다가갔을 때 어떤 반응을 보이는지 살펴보았는데, 재미있는 결과가 나타났다. 대부분의 남자들이 평범한 여성에게 압도적으로 높은 점수를 준 것이다. 남자들이 화려한 여자에게 열광할 것이라 생각했던 예상과는 상반된 결과였다.

이 결과는 한편으로는 흥미롭지만 또 한편으로는 자연스럽기도 하다. 예쁘고 화려한 여자에게 눈길이 더 갈 수는 있지만 평범한 남자들로서는 의식적으로 누군가를 선택하라는 주문을 받을 때 '주변에서 쉽게 마주칠만한 여자'가 자신에게 가장 잘 맞는다고 느낄 것이기 때문이다. 물론 실험실 밖 현실은 그보다 더 복잡한 양상을 띤다. 우리는 간단명료한 객관식 문항 가운데 한 가지를 선택하는 것이 아니라, 훨씬 더 복잡다단한 상황 속에서 수시로 끼어드는 변수에 대처해야 한다.

영화 〈나의 특별한 사랑 이야기Definitely, Maybe〉는 객관식 문제보다는 복잡하고 현실보다는 명료한 '사랑의 선택' 이야기다. 사랑은 평범한

이웃 남녀의 이야기마저 특별하게 만드는 힘이 있다. 그래서 역사상 수많은 문학 작품과 영화와 드라마, 노래들이 사랑을 이야기했다. 그리고 모든 사랑의 문제는 선택의 문제로 귀결된다. 이 사람인가, 아닌가? 만날까, 말까?

영화,
사랑을 묻다

영화는 〈나의 특별한 사랑 이야기〉는 학교에서 성교육을 받은 딸(애비게일 브레슬린 분)이 홀아비 아빠(라이언 레이놀즈 분)에게 품는 궁금증에서 시작된다. 엄마는 어떤 사람이었으며 엄마와 아빠는 어떻게 사랑을 했는지 묻는 딸의 질문에 윌은 지난 사랑의 여정을 더듬으며 자신의 의식적,

무의식적 선택 과정을 회상한다. 딸 마야는 매일 밤 아빠의 사랑 이야기에 귀를 기울이며, 아빠가 만났던 세 여자 중 누가 자신의 엄마인지 알아내려 애를 쓴다. 이 세 명의 여성은 그리스·로마 신화 속 세 여신들의 모습과도 제각기 일치한다.

　고대 그리스와 로마 사람들의 정신세계 속에 깊이 자리 잡았던 올림푸스의 신들은 인류 역사상 전례가 없을 정도로 매우 인간적이었다. 이들의 다양한 유형은 시간을 초월해 현대를 사는 사람들에게도 적용된다. 영화 〈나의 특별한 사랑 이야기〉에서 월이 만난 세 명의 여성들은 그중에서도 헤라와 아테네, 아프로디테를 각기 반영한다. 동시에 이들은 현대의 심리학자 로버트 스턴버그Robert Sternberg가 말한 사랑의 세 가지 요소를 대변하기도 한다. 바로 열정과 친밀감, 그리고 헌신이다.

▌세상의 모든 첫사랑, 헤라

먼저 그의 첫사랑 에밀리를 보자. 그녀는 헤라다. 월은 고등학교 시절부터 그녀를 만났고, 정치적 야심 때문에 잠시 헤어져 있기도 했지만 그녀와 결혼하고 싶었다. 신화 속에서 헤라는 어머니이자 아내를 상징한다. 바로 모든 사람의 첫사랑인 어머니 말이다. 월은 그녀와 지고지순한 사랑을 하고 청혼을 하지만, 에밀리는 월의 무모하고 거대한 계획에 부담을 느끼고는 자신이 좋은 아내가 되지 못하리라는 생각에 결

국 이별을 결심한다. 남성들은 이런 헤라 유형의 여성들에게서 좋은
아내와 어머니를 보고 싶어 한다. 스턴버그의 사랑 이론으로 치자면
그녀는 '헌신'을 대변한다. 약속과 책임감으로 맺어진 사랑인 셈이다.

▌ 관능과 미의 여신, 아프로디테

두 번째로 만난 섬머. 그녀는 아프로디테(비너스)다. 미의 여신이자 예술
의 여신이며, 쾌락의 여신인 아프로디테가 출현하는 곳에는 언제든지
에로스(큐피드)가 사랑의 화살을 들고 따라다닌다. 그녀는 예술가들에게
뮤즈를 보내주고, 남성들에게는 성적인 에너지를 심어준다. 사랑이 부
족한 사람들에게는 큐피드를 통해 사랑의 화살을 쏘아주기도 한다. 그
녀의 아름다움과 에너지에 남성들은 물론 여성들도 반한다. 특히 남자
들은 화려하고 섹시한 아프로디테의 모습에서 강렬한 열정을 경험한
다. 영화 속 섬머는 강력한 여성적 에너지를 내뿜으며 월을 사로잡는
다. 현대의 아프로디테라 할 수 있는 섬머는 사랑 중에서도 '열정'이라
는 속성을 대변한다. 이는 우리를 매혹하고 흥분시키는 사랑이다.

▌ 지혜와 평화의 수호자, 아테나

세 번째로 만난 에이프릴. 그녀는 전형적인 아테나(미네르바)다. 지혜의
여신 아테나는 제우스의 머리를 쪼개고 태어났다고 알려진 대로 지적
인 통찰력을 자랑한다. 아테나를 닮은 에이프릴과 월은 선거 운동 중

에 만난다. 그녀는 자유로운 영혼의 소유자로 사회 정의에도 관심이 많으며, 평화를 수호하는 국제기구 엠네스티에서 일한다. 아테나의 또 다른 별명이 전쟁의 여신이었던 만큼 그녀는 사회에서 남성들과 어깨를 견주며 정치적 카리스마를 내뿜는다. 남자들은 이런 여자에게서 동지애와 동반자라는 느낌을 받는다. 일이 잘 안 풀릴 때는 현명한 조언을 해주며, 대화를 통해 더 선명한 비전을 보게 해주는 여자. 에이프릴은 오랜 시간 많은 것을 공유하면서 생겨나는 우정과 '친밀감'을 상징한다.

그리스·로마 신화 속에서 헤라와 아프로디테 그리고 아테나는 '누가 가장 아름다운 여신인가?'라는 질문을 놓고 경합을 벌이는데, 사랑의 선택 앞에서 윌의 마음속에도 똑같은 갈등이 일어난다. 여신들이 이런 경합을 벌이게 된 것은 불화를 조장하는 여신 에리스가 '가장 아름다운 여신에게'라는 쪽지와 함께 던진 황금사과 때문이었다. 세 여신들은 서로 다투다가 트로이의 왕자 파리스에게 심판을 맡겼다. 파리스의 고민은 영화 속 윌과 현대의 남성들은 고민 속에도 고스란히 묻어난다.

여러 유형의 여자들 가운데 자신에게 가장 큰 의미를 주는 사람은 누구인가? 과연 누구에게 황금사과를 건네야 할까? 세 명의 막강한 여신들은 어마어마한 약속들로 파리스의 선택을 받아내려 했다. 헤라는 온 세계를 호령하는 정치력을 약속했고, 아테나는 지상 최대의 지

혜를 내걸었으며, 아프로디테는 이 세상에서 가장 아름다운 여성을
아내로 맞이하게 해주겠다며 유혹한다. 파리스는 과연 어떤 선택을
했을까?

사랑을 선택하는
특별한 기준

신화 속 파리스는 심사숙고 끝에 아프로디테에게 사과를 준다. 동서
와 고금을 떠나 예쁜 여자를 원하는 것이 모든 남자들의 첫째가는 소
망인 것은 틀림없는 사실인 모양이다. 영화 속 윌도 선택을 한다. 그런
데 신화와 영화에는 차이가 있다. 파리스는 후에 트로이 전쟁을 불러올
엄청난 선택을 단번에 내린 반면(세상에서 가장 아름다운 여성 헬레네가 다른 나라 왕과
결혼한 유부녀였으므로), 윌은 여러 번의 선택 끝에 제대로 된 결정을 내리게
되었다는 점이 그렇다. 현대사회는 선택의 가능성이 훨씬 더 많으며,
상황에 따라 선택을 번복하는 일도 가능하다.

윌은 한때 에밀리와 결혼하여 지금의 딸을 얻었지만 결국 그녀와 헤
어졌다. 그리고 딸에게 이 이야기를 들려주는 과정에서 에이프릴에 대
한 사랑을 다시 깨닫는다. 이렇게 친밀감으로 시작된 사랑에 열정과
헌신 또한 더해질 수 있다는 가능성을 남기며 영화는 끝난다.

현실은 신화는 물론 영화와도 차이가 있다. 현실 속에서 우리는 대
부분 여러 번의 선택을 경험하지만 앞의 후보자가 어떤 유형을 대변하

는지, 그리고 내가 그 사람에게서 진정 원하는 것이 무엇인지가 도통 불명확할 때가 많다.

우리의 사랑과 선택 역시 이와 같지 않을까 싶다. 수많은 선택의 기회가 우리 앞에 놓여 있기에 결정은 언제나 더 어렵다. 평범한 우리를 특별하게 만들어주는 사랑이 어떤 모습일지 선택하고 만들어나가는 것은 우리의 몫일 것이다.

무엇을 사랑이라고 할까?

사랑에 관해 방대한 연구를 한 심리학자 스턴버그가 그리는 사랑의 모양
은 우리가 흔히 그리는 것과는 좀 다르다. 그가 말하는 사랑은 부드러움
과 뾰족함이 조화를 이룬 하트 모양이 아닌, 세 개의 꼭짓점으로 이루어
진 삼각형 모양이다. 스턴버그는 사랑이 열정, 친밀감, 헌신이라는 꼭짓
점으로 구성되어 있다고 보았다. 열정이 우리의 가슴을 뛰게 하고 황홀
하게 만든다면, 친밀감은 익숙하고 편안한 느낌을 준다. 마지막으로 헌
신은 서로를 책임지고 보호하는 사랑의 속성을 의미한다.

스턴버그에 따르면 이 세 요소 가운데 한 가지만 있어도 사랑이라 규정
할 수는 있지만, 진정 '성숙한 사랑'을 하려면 세 요소가 모두 필요하다.
각 요소 간의 조합에 따라 사랑의 종류는 다음과 같이 나뉜다.

1 **열정 = 도취적 사랑**

2 **친밀감 = 좋아함**

3 **헌신 = 공허한 사랑**

4 **열정 + 친밀감 = 낭만적 사랑**

5 **친밀감 + 헌신 = 우애적 사랑**

6 **열정 + 헌신 = 얼빠진 사랑**

7 **열정 + 친밀감 + 헌신 = 성숙한 사랑**

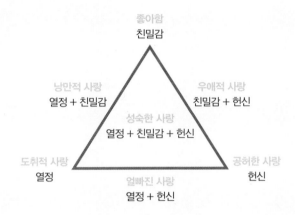

어떤 이들의 사랑은 아직 점에 머물고 있으며, 또 어떤 사랑은 두 가지 요소를 갖춘 선의 형태를 띤다. 삼각형을 이루긴 했으나 정삼각형이 아닌 한쪽 면이 두드러지게 강한 도형이 되기도 하며, 삼각형이 너무 작은 경우도 있다. 이 이론에 비춰 우리가 지금까지 해왔던 사랑의 모습을 돌이켜보자. 그 모습은 어떠했는가? 우리가 어떤 선택을 내렸든, 우리의 사랑이 어떤 모습을 하고 있든, 우리들 사랑이 나아가야 할 방향은 같을 것이다. 정삼각형에 가깝고 더 큰 '완전한 사랑' 말이다. 그래서 사랑을 선택하고 난 후에도 우리에게는 그것이 더 완전하고 안정적인 모습으로 커나가도록 노력할 책임이 있다.

세상에서 가장 모순적인
존재를 성찰하다

여배우들

어디서부터가
진짜인가?

영화 〈여배우들〉은 한마디로 영화 같지 않은 영화다. 카메라는 시종일관 흔들리고 이야기 전개는 산만하고, 복선도 반전도 없다. 이 영화 안에서 여배우들은 다른 누구도 아닌 자기 자신을 연기하라고 주문을 받았다. 그렇기에 그들의 모습은 묘하게 자연스럽기도 하고 어딘지 모르게 미심쩍기도 하다. 이들의 연기는 영화적 설정과 실제 모습 사이를 오락가락한다. 그리고 영화를 보는 관객의 시선은 다분히 관음증적이 된다.

관객들은 여배우라는 독특한 존재의 일상적 모습과 은밀한 내면세계를 포착하고 훔쳐보는 것만 같은 착각에 빠지는데 이는 묘한 즐거움을 준다. 마치 환상과 베일 속에 덮여 있는 여배우들의 현실을 보는 느낌이 들기 때문이다.

〈여배우들〉의 여배우들은 자신을 연기함으로써 캐릭터를 탄생시킨다. 다른 영화에서라면 자기 자신이 아닌 다른 누군가를 연기하며 때론 예쁘게, 때론 도도하게, 때론 섹시하게, 때론 고혹적이게, 때론 모질게 역할을 연출했을 테지만 이제 그들의 모든 시선은 다른 여배우에게로 향한다. 보통 배우들은 자신이 만들어낸 캐릭터에 갇히기도 하고 캐릭터를 이용하기도 한다. 그렇다면 여배우들은 자신이 만들어낸 영화 속 캐릭터를 통해 무엇을 말하는가?

여배우들의 시기심,
그들은 왜 서로를 미워하나?

여배우들은 특별한 존재다. 특별한 대우를 받기를 원하는 한편 대중의 인기를 먹고 사는 존재이기도 하다. 이들은 흔히 이기적이며 변덕스럽고 시기심이 강하다는 평가를 받는다. 아마 실제로도 그런 면이 있을 것이다. 그런데 〈여배우들〉을 보면 그들이 왜 그럴 수밖에 없는가에 공감하게 된다.

이들은 타인에게서 받는 인기를 통해 존재 가치가 증명된다. 특별하지 않거나 인기가 없을 때는 존재 자체가 위기에 처한다. 스스로 존재성을 증명하지 않으면 살아남을 수 없다는 근원적 두려움에 휩싸이게 되는 것이다. 그래서 이들의 마음은 아슬아슬한 불안 위에 얹혀 있고 깨질듯 위태롭다. 이들의 아름다움과 특별함은 엄청난 권력을 선사하지만 그 권력은 더 어리고 특별한 이미지를 가진 누군가로 얼마든지, 그리고 언제든지 이동할 수 있다. 그래서 이들의 시기심은 깊고 이들이 시기심을 표현하는 방식은 미묘하면서도 치명적이다. 네가 없어야 내가 살 수 있다는 냉혹한 현실을 살고 있는 것이다. 그들이 존재 가치를 증명하는 방식은 '너 아니면 나'처럼 이분법적이다.

'김민희'를 연기한 김민희는 〈뜨거운 것이 좋아〉라는 영화를 함께 찍고도 소희만을 부르짖는 팬들의 목소리에 힘들고 숨고 싶었다 말한다. 같은 영화에 출연했던 '이미숙' 역의 이미숙은 이 말에 크게 동감

하며 "그래서 나는 안 갔잖아"라고 말한다. '윤여정'을 연기한 윤여정은 영화 초반부터 시종일관 자신이 섭외 1순위가 아니었을지도 모른다는 생각에 초조해한다. 그리고 '최지우' 역의 최지우와 '고현정' 역의 고현정은 서로에 대한 견제와 시기심으로 갈등한다. '김옥빈' 역을 맡은 김옥빈은 김민희의 날씬한 몸매를 부러워하고, 자신을 견제하는 높은 연배의 대선배들 앞에서 어떻게 행동해야 할 줄 몰라 시종일관 좌불안석이다.

여배우의 한, 그들은 왜 슬픈가?

여배우들의 서로를 향한 존재론적 견제와 시기심은 이들을 한자리에 모이기 어렵게 하고, 또 한자리에 모인 뒤에도 진정 어우러지지 못하게 한다. 그래서 화보 촬영 내내 그들은 산만하다. 그러나 영화는 이들이 모이기 어려운 이유만을 나열하지 않는다. 이들의 화려하게 빛나는 모습이 가장 바깥의 표면을 장식한다면 견제와 질투가 그 다음, 그런 견제와 질투를 불러온 불안과 두려움이 그 아래에 감춰져 있다. 그리고 영화는 그보다 더 밑에 다른 것도 있음을 짐작케 하는 장면을 연출한다. 바로 이들이 한과 슬픔을 이야기하는 장면이다.

이들은 대중의 뜨거운 관심을 받으며 좋은 일이든 나쁜 일이든 사람들의 입방아에 오르내리고, 보통 사람보다 더 잔인하게 비난받는다는

점을 이야기한다. 한순간에 끌어올려진 만큼 똑같은 속도로 끌어내려질 수 있는 존재가 바로 여배우라는 것이다.

　이혼을 한 여배우들은 완전히 떳떳하지도, 떳떳하지 않을 수도 없다. 윤여정은 전 남편의 언론 플레이로, 자신이 이혼을 당한 입장인데도 이혼한 여성에 대한 사회적 반감에 휘말려 마음고생 했던 나날을 털어놓는다. 고현정은 자신을 잔인하게 끌어내리려는 사람들의 시선에 신경 안 쓰는척 '쿨'하게 대응하지만 속으로는 곪아가는 마음을 이야기한다. 그리고 이미숙은 많은 사람이 자신을 이상형으로 꼽지만 자신의 실제가 아닌 그들의 이상만을 맞춰주기를 바라는 현실에 분노를 표현한다.

　그러면서 그 자리는 갑자기 성토의 자리로 변한다. 서로 견제하고 시기하던 여배우들이 사실 같은 입장에서 고통을 겪었다는 사실에 공감을 느끼는 것이다. 그렇게 모래알처럼 흩어져 있던 여배우들은 자신들의 숙명적 한을 이야기하며 한데 모인다. 슬픔과 한만큼은 이들 모두가 가진 공통점이었던 셈이다.

결핍감과 시기심을 껴안고 살아가기

　이 영화는 가장 독특해 보이는 대상을 통해 우리 마음속에 흐르는 가장 보편적인 심리를 다루고 있다. 우리는 일상을 살면서 나보다 더 나은 삶을 사는 것만 같은 이들을 볼 때 자신 안의 결핍과 불안을 마주하게 된다. 내면의 질투와 견제와 시기심이 일렁이는 순간은 누구에게나 찾아온다. 이럴 때 어떤 사람들은 결핍감을 긍정적인 방식으로 승화하지만, 또 다른 사람들은 시기심에 사로잡혀 상대방을 어떤 방식으로든 해하고 싶어 한다.

영화 속 여배우들 또한 서로를 보고, 서로의 눈에 비친 자신을 보며 자기 안의 결핍감을 시기심으로 드러내기도 한다. 하지만 시기하고 시기받는 자신들 안의 공통분모에 기대어 그 시기심과 어떤 방식으로든 공존해나간다. 생각해보면 이들만큼이나 타인의 선망과 질투, 그리고 시기심을 먹고 사는 사람들도 없는 것이다.

표면적으로 영화는 여배우들이 하나로 묶인 뒤 '2차'와 '다음 촬영'을 약속하는 유쾌한 장면으로 끝이 난다. 그러나 우리는 안다. 이들이 방어와 두려움, 시기와 견제, 설정과 가식에서 완전히 벗어날 수 없음을. 그럴 수밖에 없는 독특한 상황에 놓인 독특한 존재들임을. 이들은 이 영화 속에서 여러 꺼풀이 벗겨진 자신의 모습을 연기했지만 내일이면 다시 그 옷들을 껴입고 대중의 시선 가운데 홀로 존재하게 될 것이다. 우리보다 더 나은듯 보이는 타인을 선망하고 질투하고 시기하면서도, 그 마음을 그대로 안고 타인 앞에 서는 우리들처럼 말이다.

그녀는 왜 질투가 심할까?

서로를 견제하고 시기하는 심리는 비단 여배우뿐 아니라 보통의 여성이
나 남성에게서도 나타난다. 우리는 왜 타인을 시기하게 될까? 그리고 시
기심은 타인에게 어떤 영향을 미칠까?

김민예숙여성주의상담 연구실의 김민예숙, 김주, 강문순은 〈여성 간의
정서 폭력〉이라는 논문을 통해 '정서 폭력'의 관점에서 시기심을 바라보
았다. 이들은 남성중심 사회에서 여성들이 겪을 수 있는 심리적 취약성
과 결핍을 살펴보았고, 여성들이 이를 보상하기 위해 시기심과 나르시시
즘, 극도의 의존성이라는 세 가지 반응을 보인다고 밝혔다. 그리고 이를
정서 폭력이라 규정했는데, 이 연구에서 제시한 정서 폭력의 유형은 다
음과 같다.

1 시기심으로 인한 정서 폭력

시기심은 내가 가지지 못하거나 부족한 특성을 가진 대상에게서 부정적
인 감정을 느끼고 그 대상이 사라지기를 바라는 감정이라 할 수 있다. 위
의 연구에서 제시한 예 가운데 우리에게 가장 친숙한 신데렐라 이야기

를 생각해보자. 신데렐라는 착하고 예쁘다. 게다가 왕자의 사랑까지 얻는다. 이 때문에 신데렐라는 그녀를 시기한 배다른 언니들과 새어머니의 정서 폭력을 경험한다. 언니들과 어머니의 입장에서는 신데렐라가 없어졌으면 좋겠다고 느낀다. 왜냐하면 신데렐라가 자기들이 원하는 것을 가졌고 부족함을 자극하기 때문이다. 〈여배우들〉 속의 여배우들이 서로를 바라보는 시선에 가장 크게 드러난 감정도 바로 이런 시기심이었다.

2 나르시시즘으로 인한 정서 폭력

여기에서 나르시시즘이란 자신의 욕망을 달성하기 위해 타인을 수단으로 이용하는 것을 의미한다. 연구에서는 제인 오스틴Jane Austen의 《오만과 편견Pride and Prejudice》을 예로 들었다. 결혼을 둘러싸고 벌어지는 이야기 속에서 엘리자베스 자매는 어머니의 신분 상승 욕망에 휘둘리게 된다. 그들은 자신이 원하는 대로 행동하기보다 어머니의 결정과 바람에 따를 수밖에 없다. 이처럼 어떤 사람은 자신의 욕망을 실현하기 위해 물리적이고 가시적인 위협이 아닌 정서적이고 미묘한 방식으로 타인의 욕망과 행동을 제어한다. 우리는 그 관계 속에서 뭐라고 설명할 수 없는 억울함을 느끼지만 정서적으로 얽매여 있기에 어떻게 대응해야 할지 몰라 혼란을 겪는다.

3 극도의 의존성으로 인한 정서 폭력

건강한 성인들은 독립성과 의존성 모두를 어느 정도 유지함으로써 주체적이면서도 관계적인 욕구를 실현해나간다. 그런데 어떤 사람들은 타인의 독립성을 인정하지 않거나 침해하며 지나치게 의존한다. 그리고 무리를 해서라도 자신과 함께해주기를 암묵적으로 강요한다. 극도의 의존성으로 인해 둘이 하나가 되는 정서적 '융합'을 꿈꾸는 것이다. 이럴 때 상대방은 갑갑함을 느끼지만, 그럴수록 이들은 상대 안의 연민이나 죄책감을 자극하여 의존성을 받아주도록 조종한다. 논문에서는 영화 〈피아니스트La Pianiste〉의 등장인물 에리카가 딸의 독립을 방해하는 모습을 예로 들었다.

위에서 제시한 세 가지 유형의 정서 폭력은 간단하게 '폭력이다, 아니다'를 가를 수 없을 만큼 미묘하며 또한 의도하지 못하는 사이 나타날 수 있다. 그리고 이것은 정도의 차이만 있을 뿐 사람과 사람 사이의 모든 관계 속에서 나타날 수 있는 현상이다.

모든 폭력을 근절하는 첫걸음은 이를 인식하는 데서 시작한다. 그러므로 신체적인 공격만이 폭력이 아니라 정서적 위협 역시 폭력이 될 수 있음을 인식하고 자신의 경험에 이름을 붙일 줄 알아야, 이를 예방하고 해결할 수 있을 것이다. 특히나 눈에 보이지 않고 미묘하기에 더 치명적일 수 있는 정서 폭력의 경우에는 관계 속 정서의 흐름을 잘 감지할 수 있도록 주의를 기울여야 한다.

함께하는 것이
확실히 좋아

모짜르트와 고래
Mozart And The Whale

사랑,
그 욕망과 두려움

사랑은 우리 안의 욕망을 투사할 수 있는 마음의 판이다. 우리는 혼자서는 해결할 수 없는 욕망을 건드리고 충족시켜줄 수 있는 누군가를 원한다. 그리고 그 관계를 지속하기 원한다. 그러나 사랑은 욕망뿐 아니라 두려움도 함께 몰고 온다. 사랑을 하기 전 우리는 사랑 때문에 나의 틀을 바꿔야 할까봐 두렵고, 내가 부족해서 거절당할까봐 두렵다. 그리고 그것 때문에 사랑하게 된 이를 잃게 될까봐 두려워한다.

이렇게 내가 약하고 부족하다는 생각은 두려움을 증폭한다. 나의 틀을 지키고 싶고 거절당하기 싫을수록 사람들은 사랑 안에서 두려움을 더 크게 보게 된다. 그리고 두려움이 욕망의 크기를 압도할 때 우리는 '사랑 불능증'에 걸리기에 이른다. 사랑할 수 있는 능력을 잃어버리는 것이다.

영화 〈모짜르트와 고래Mozart And The Whale〉는 두 명의 사랑불능증 남녀가 두려움을 극복하고 사랑하는 능력을 회복해나가는 과정을 그린다. 이들의 사랑은 때로 두려움에 잠식당하는 우리 모두의 사랑과도 다르지 않다.

이 영화의 남자 주인공 도널드(조쉬 하트넷 분)는 자폐증 가운에 보통 사람의 모습에 가깝다는 아스퍼거 장애를 가지고 있다. 자폐증을 보이는 사람들은 타인과 상호작용을 하는 것이 어렵고 자기만의 세계에 갇혀 있다. 그래서 우리가 그들의 세계에 열심히 문을 두드려도 반응을 얻어내기가 참 힘들다. 아스퍼거 장애를 앓는다는 것은 사랑에 대한 두려움이 보통 사람보다 더 클 수 있음을 암시한다. 이들은 새로운 환경에 적응하기 위해 자신의 틀을 바꾸는 것이 어려워 관계를 맺는 일도 더 힘들게 느끼기 때문이다.

자폐증이나 아스퍼거 증후군을 앓는 사람들은 특정 대상이나 사물에 집착하기도 하고, 한 가지 일에서 유독 빼어난 특성을 보이기도 한다. 그래서 때로는 그 분야의 천재로 인정받는 경우도 있다. 하지만 이는 소수의 경우고, 설사 그런 천부적인 소질이 있다고 해도 사람과 사람 사이에 발생하는 일들을 안정감 있게 해결해나가기는 아무래도 힘들다. 그래서 소위 '정상적인 사회생활'을 하기 위해서는 주위 사람들의 도움이 꼭 필요하다.

영화 속 도널드는 사람보다 숫자와 더 친하다. 숫자는 사람처럼 예측이나 통제가 어렵지 않고, 얼마든지 자기 마음대로 더했다, 뺐다, 곱했다, 나눴다 할 수 있기 때문이다. 때때로 그의 마음속에 일렁이는 분노와 슬픔을 수그러지게 해주는 것도 숫자뿐이다. 하지만 한편으로 그에게는 비정상적이라고 불리는 그 위치에서 벗어나 숫자가 아닌 사람과 소통하며 '남들처럼' 되고 싶은 욕망이 있다.

도널드는 아스퍼거 증후군 환자 중에서도 상태가 양호한 편이라 대학에 들어가고 학교를 우수한 성적으로 졸업하지만, 장애 때문에 졸업 후 택시 기사를 하면서 생계를 꾸려나가고 이 직업마저 숫자에 대한 과도한 집착 때문에 잃게 된다. 그 후 그는 같은 장애를 앓는 사람들의 모임을 만들어 서로의 고민과 생각을 나누고자 시도한다. 그리고 이 모임에 이사벨(라다 미첼 분)이라는 신입 회원이 나타나면서 그의 삶은 180도 변하게 된다. 지금까지 감히 꿈꿔보지 못했던 사랑의 기회가 왔음을 깨달은 것이다.

사랑, 정상인으로 살기 위한 기회

이사벨 역시 아스퍼거 증후군을 겪고 있다. 이 병의 특성상 다른 사람의 말을 곧이곧대로 받아들이는 경향이 있어서 '기록을 깬다break the record'라는 은유적인 표현을 알아듣지 못하고 앞마당에서 레코드판을 산산조각 낸 전력을 가지고 있다. 그녀가 아무리 매달려도 사람들은 등을 돌리고 떠났다.

도널드와 이사벨은 같은 장애를 보이며 사람들에게서 외면을 당한다는 점도 같다. 하지만 이들이 삶에서 욕망하는 것은 서로 달랐다. 도널드는 정상이 되기를 갈구하는 반면 이사벨은 자신의 모습을 있는 그대로 지키고 여기에 만족하고자 한다. 이사벨은 도널드 역시 그녀를 그 모습 그대로 사랑해주길 바란다. 그리고 이런 차이는 두 사람의 관계를 흔들리게 한다.

　그녀는 사랑한다고 해도 자신의 모습을 바꾸고 싶어 하지 않았지만 도널드는 그들의 모습을 더 정상인 것처럼 바꾸거나, 비정상인 것은 은폐함으로써 정상처럼 보이고 싶어 했다. 아스퍼거 장애를 가진 사람들은 틀과 형식이 바뀌는 것을 크게 두려워하는데, 사랑은 속성상 자신의 형식과 틀을 버리고 누군가를 책임질 수 있을 만큼 스스로가 강하다는 확신을 가져야 가능하다. 그래서인지 이들의 사랑은 여기저기서 삐걱거린다.

　이사벨은 도널드가 더 나은 직장을 얻고 더 '사람답게' 살도록 그의 환경과 생활을 변화시키는 일에 협조하고 번듯한 직장을 주선하기도 한다. 그러면서도 도널드의 청혼을 받아들이지 못하고 혼란스러워한다. 앞으로 쭉 함께하고 싶다는 도널드의 말에 꼭꼭 숨겨놓았던 두려움이 폭발한 것이다. 자신에 대한 확신 없이 감행하는 사랑은 우리 안의 두려움을 극대화할 뿐이다. 급기야 그녀는 자살을 시도하기에 이른다.

　그녀의 정신과 의사는 두 사람의 사랑을 반대한다. 의사는 "도널드가 전화하지 말아야 이사벨이 살 수 있다"며 두 명의 아스퍼거 장애인이 정상인처럼 함께 살아가는 것은 불가능하다고 말한다. 도널드는 크게 상심하고 이사벨을 위해 그녀를 사랑하지 않으려 발버둥 친다. 그의 모습은 두려움 때문에 포기해버린 세상의 모든 사랑을 대변한다. 과연 우리는 두려움 때문에 사랑을 포기해야 할까?

Mozart And The Whale

사랑을 위해 버려야 할
우리 안의 모습들

사랑에 빠진 우리는 그 사람과 함께하기 위해 자신에게 익숙한 부분을 어느 정도 버려야 한다. 아스퍼거 증후군 환자인 도널드와 이사벨의 경우에는 익숙한 것을 버리고, 두려움을 뚫고 사랑을 하기까지 더 큰 진통을 겪는다. 지금까지 그나마 자신을 지탱해주었던 규칙과 틀이라는 버팀목을 무너뜨려야 하기 때문이다. 하지만 세상의 모든 좋은 것은 다른 무언가를 포기할만한 가치가 있다. 포기를 통해 얻는 사랑이 더 소중하기 때문이다. 그래서 우리는 두렵고 힘들어도 사랑을 계속한다.

많은 혼란과 시행착오가 있었지만 도널드는 결국 이사벨과 함께하
는 것이 자신에게 더 중요하다는 사실을 깨닫는다. 이사벨 역시 지금
이대로의 삶이 더 편안하지만 사랑을 위해 미래를 약속하고 불안을 껴
안는다. 도널드의 청혼을 받아들인 것이다. 그렇게 두 사람은 자신을
지켜주던 방어의 벽을 모두 허물고 두려움을 이겨낸다.

함께하는 것이
확실히 좋은 사람들

영화 〈모짜르트와 고래〉는 은유법이나 돌려 말하기, 반어법이 전혀
통하지 않는 세계에 살고 있는 두 주인공이 그들만의 방식으로 관계를
맺고 좌충우돌 시행착오를 경험하는 과정을 그린다.

불분명한 상황을 견디지 못하는 이들은 한 사람이 "연락하라"고 하
면 "언제?"를 되묻고 '딱히 할 말이 없어서' 전화를 받지 못한다. 하지
만 사실 생각해보면, 돌려 말하기나 은유법에 능숙한 우리에게도 사랑
은 갈등과 오해 없이 진행되는 법이 없다. 상대의 단순한 말 한마디에
도 이런저런 의미를 부과하거나 쉽게 오해하는 것이 바로 사랑이다.

영화는 두 사람이 결국 함께하는 모습을 보여주지만 이는 해피엔딩
도, 새드엔딩도 아니다. 도널드와 이사벨의 결혼 생활에는 앞으로도
수많은 충돌과 어려움이 예상된다. 그들이 아스퍼거 증후군을 겪고 있

어서가 아니라 사랑의 성격이 본래 그렇기 때문이다. 모든 관계는 그렇게 불확실하고 불안정하며 잠정적이다. 그럼에도 한 가지는 확실하다. 영화 속 도널드의 말처럼 우리는 모두, 사랑하는 누군가와 '함께하는 게 확실히 좋다'는 것이다.

사랑하지만 너무도 다른 우리

결혼한 지 얼마 되지 않은 친구에게서 전화가 왔다. 친구는 남편과 함께 MBTI 성격유형 검사를 받고 싶다고 했다. 대학에 다니는 동안 몇 번 해본 적이 있는데 자신은 ENFP 유형이라고 한다.

"근데 우리 남편은 나랑 반대 유형이 아닌가 싶어."

결혼하기 전에 친구는 감정적이고 충동적인 자신과는 정반대인 남편의 모습이 매력적으로 느껴졌고 자신의 단점을 보완해주리라 생각했다. 그런데 막상 결혼을 하고 나니 남편이 너무 꼼꼼하고 논리적으로 느껴져서 자주 다투게 된다고 했다. 배경과 경험이 서로 다르고 타고난 성격조차 다른 두 남녀가 한 지붕 아래 살다보니 이런저런 시행착오를 경험할 수밖에 없는 것이다.

친구는 남편과 자신이 어떻게 다른지 객관적으로 살펴보고 다른 점을 받아들이기 위해 어떤 노력을 해야 하는지 알고 싶어 했다. 남편 역시 같은 의견으로, 성격 검사를 해서 둘의 관계를 더 유연하게 만들고 싶다고 했다. 이들의 얘기를 듣고 보니 지금까지 겪은 갈등을 교훈 삼아 앞으로 더 탄탄한 결혼 생활을 해나가겠다는 생각이 들었다.

친구가 관심을 보였던 MBTI 검사는 카를 융C.G. Jung의 심리유형론을 근거로 만든 자기보고식 성격유형 지표다. 만일 친구의 말대로 아내는 ENFP 유형이고 남편은 반대 유형이라면 이들이 관계를 맺어나가는 방식과 목표를 실행하는 방식은 서로 판이하게 다를 것이다. 이 검사는 네 가지 선호 경향을 중심으로 우리의 성격을 열여섯 가지 유형으로 분류한다. 유형의 특성이 뚜렷하지 않은 사람도 있고, 시간과 환경의 변화에 따라 유형이 조금씩 달라지기도 한다. 네 가지 기준은 다음과 같다.

1 에너지의 방향에 따라
폭넓은 대인관계를 유지하는 외향형(E) VS 깊이 있는 대인관계를 유지하는 내향형(I)

2 정보를 수집하는 방식에 따라
오감과 실제 경험을 중시하는 감각형(S) VS 영감과 가능성에 초점을 두는 직관형(N)

3 판단하고 결정하는 방식에 따라
논리적이고 분석적인 결정을 하는 사고형(T) VS 사람과 관계 중심으로 결정하는 감정형(F)

4 생활 방식의 차이에 따라
체계적인 계획을 따르는 판단형(J) VS 융통성 있는 실행을 원하는 인식형(P)

MBTI 검사는 심리 검사 가운데 가장 널리 사용되며 활용 범위가 넓다. 이 검사를 통해 자신을 더 잘 이해하고, 너와 나의 다름을 수용하는 데 도움을 얻을 수 있을 것이다. 검사 결과를 정확하고 풍부하게 해석해줄 수 있는 전문 기관에서 검사와 상담을 받는 것이 좋다.

욕망을
끌어안다

박쥐
Thirst

이드와 에고, 그리고
초자아

프로이트는 우리의 마음이 세 가지 원칙에 따라 움직인다고 보았다. 하나는 쾌락 원칙에 따라 움직이는 '이드Id'고, 다른 하나는 현실 원칙에 따라 움직이는 '자아Ego'며, 나머지 하나는 도덕 원칙에 따라 움직이는 '초자아Superego'다.

그에 따르면 우리가 정신질환에 시달리거나 자신을 통제하지 못하는 상황에 이르게 되는 것은 쾌락 덩어리를 부여안고 있는 이드의 올가미에 얽매이거나 엄격한 윤리적 잣대만을 들이미는 초자아에 짓눌리기 때문이다. 또한 진정 건강하고 인간다운 삶을 살아가기 위해서는 우리의 자아가 현실에 두 발을 디디고, 이드와 초자아의 상반되는 쾌락 원칙과 도덕 원칙을 잘 조정하고 타협해나갈 필요가 있다고 한다. 프로이트의 이론에서 정신질환을 치료하는 기본 원칙이란 이드가 넘치는 자리에 탄탄한 자아의 자리를 마련해주고, 초자아가 움켜쥔 힘을 자아의 힘으로 풀어주는 것이다.

영화 〈박쥐〉의 주인공 상현(송강호 분)의 마음을 프로이트 이론으로 살펴보자면 그는 자아가 맥을 못 추는 상황에서 강력한 이드와 초자아 사이를 오락가락하며 고뇌하는 모습을 보인다. 자기 안에 일렁이는 모든 욕망을 멀리하고 억압하고 부인하며 오로지 이타적인 삶, 다분히 초자아적인 삶을 살고자 했던 그가 흡혈귀가 되자 이제 극단적인 욕망

앞에 무릎을 꿇고 이드적인 삶에 이끌리게 된다. 이 순간 그의 이드와 초자아를 적절히 조절하고 중재하는 자아는 흔적조차 볼 수가 없다. 그는 그저 신부로서의 초자아와 흡혈귀로서의 이드 사이에서 극단의 롤러코스터를 타며 끝도 없는 정체성 혼란을 경험한다.

이런 극과 극의 마주침은 결국 파멸과 비극, 정신질환을 불러올 수밖에 없다. 영화의 시작부터 끝까지 계속되는 그의 고통과 죽음은 자아의 힘이 거세된 극단적인 이드와 초자아의 팽팽한 접전에서 비롯된다.

무의식과
의식

비판과 논쟁의 소지가 없는 것은 아니지만 우리가 프로이트를 위대한 학자로 추앙하는 이유는 그가 겉으로 드러난 미미한 의식 밑에 깔려 있는 어마어마한 무의식의 존재와 특성을 까발려냈다는 점 때문이다. 그는 일견 불가해하고 사소하고 무의미해 보이는 우리의 사고와 행동, 정서 밑에 깔려 있는 무의식 덩어리를 형상화해서 비춰주었다. 프로이트는 우리가 '안다'라고 생각하고 '본다'라고 지각하고 '느낀다'라고 감지하는 세계와 자기 자신에 대한 진실이 실상은 해수면 위로 살짝 삐져나온 얼음 조각 한 면에 불과하다는 것을 밝혀냈다. 그의 이론에 비춰, 겉으로 살짝 삐져나온 그 얼음 조각 밑에 깔린 거대한 무의식의 얼음 덩어리를 인식하고 나면 우리가 스스로를 완전히 아는 것이 불가능함을 겸허히 깨닫게 된다.

영화 속 상현의 욕망만 봐도 그렇다. 그는 고도로 의식화되고 사회화됐으며, 바람직해 보이는 이타적인 욕망만이 자기의 것인 양 여기고 순교자로서 생체 실험에 참여한다. 자신 안에서 쉽게 인식하고 수용할 수 있는 욕망만을 인정한 것이다. 무의식 속에 갇혀 있는, 억압하고 부인해버리고 싶었던 성적인 욕망과 착취적인 욕망은 결코 보지 못했을 것이고 보려 하지도 않았을 것이다. 마찬가지로 자신이 사랑으로 여주인공 태주(김옥빈 분)를 구원한다고만 의식적으로 생각했지, 태주를 원하는 자신의 무의식적 욕망은 직시하지 못했을 것이다.

까발려지지 않고 억압된 무의식적 욕망은 마치 잘못 붙인 테이프 속에 어중간하게 남아 있는 기포처럼 아무리 짓눌러도 그 자리와 형태만 바뀔 뿐, 결코 사라지지 않는다. 그래서 욕망을 무의식의 방 속에 쑤셔 넣고 직시하지 않을 때, 그 욕망은 더 파괴적이고 통제 불가능한 거센 돌풍이 되어 의식 밖으로 뛰쳐나오려 한다.

상현이 신부로서 의식화된 욕망을 벗어던지고 흡혈귀로서의 욕망과 불안을 인정하며, 다른 사람을 폭행하고 간음하고 돌팔매질당한 뒤에야 그의 파괴적 욕망을 담은 무의식은 의식으로 떠오른다. 그는 자신의 의식적인 바탕 위에 흡혈귀적 욕망을 수용하고 흡혈귀답게 죽어간다. 결국 그는 욕망을 부인함으로써 겪게 되는 파괴적이고 통제 불가능한 고통이 아닌, 자신의 모든 욕망을 온몸으로 끌어안는 평온한 침

묵을 선택한 것이다.

삶의 본능과
죽음의 본능

우리가 '에로스eros'라고 부르는 성과 삶의 본능은 인간 안의 생산적
에너지를 뜻한다. 처음 우리의 성적인 욕망 에로스를 말하던 프로이트
는 두 차례에 걸친 세계대전을 겪으면서 우리 안에는 생산적인 에너지
에로스뿐 아니라 인류의 모든 생산적 결실을 한 번에 무너뜨릴 수 있
는 파괴적인 '타나토스thanatos,' 즉 죽음의 본능도 있음을 깨달았다. 아
마도 그는 우리의 삶이 에로스와 타나토스 사이를 오가면서 창조와 파
괴, 빛과 어둠, 성과 죽음, 유와 무를 순환적으로 반복한다는 생각을 했
던 것 같다.

영화 속 상현의 삶은 에로스와 타나토스의 순환을 극명하게 대변한
다. 그는 신이 인간에게 부여한 삶을 예찬하는 동시에 죽음을 애도하
고, 죽음과 삶이라는 대극점 사이에서 세상 모든 것의 의미를 찾아야
했다.

신부였을 때나 흡혈귀였을 때나, 상현은 에로스와 타나토스 모두를
갈구하는 자신의 극단적인 욕망 사이에서 괴로워했다. 죽으려고 갔는
데 살아서 오고, 살리고 싶었는데 죽이게 되는 삶의 역설과 모순을 보
면서 우리는 죽음과 삶, 그 욕망과 의미를 끊임없이 묻게 된다.

결국엔 사랑이
우리를 구원할 거야

상현은 에로스와 타나토스, 의식과 무의식, 이드와 초자아 사이에서 이러지도 저러지도 못한 채 고통스러워한다. 우리의 삶 또한 이와 비슷하지 않을까. 하지만 프로이트의 이론에 빗대어보면 어찌되었든 결론은 '사랑'이 아닐까 하는 생각이 든다. 그의 삶이 고통스러웠을지는 몰라도 그는 죽음을 통해 사랑을 선택했다. 태주에 대한 그의 사랑은 삶보다 달콤했고, 죽음보다도 강렬했다. 사랑은 이드와 초자아 사이에서 방황하는 자아의 힘을 키워준다. 우리는 그 사랑에 힘입어 무의식을 부인하지 않고 창조적으로 사용할 수 있게 되며, 타나토스의 파괴력을 약화시킬 부드러운 에로스를 강화하게 된다.

영화는 까만 재가 된 상현과 태주 뒤로, 태주의 신발 두 짝을 비춘다. 이것은 태주를 향한 상현의 사랑을 상징한다. 영화가 그 신발을 비추며 끝난 것은 욕망과, 출렁이는 욕망을 담은 우리의 몸뚱이까지 모두 타버려도 결국 진실한 사랑만은 남는다는 것을 이야기하려는 것이 아니었을까. 우리의 마음에 대한 위대한 이론을 남기고 떠난 프로이트도 이에 대해 고개를 끄덕여주지 않을까 싶다.

비참한 현실을 그대로 감내하는 사람들의 심리는?

영화 〈박쥐〉 속 태주는 시어머니와 남편에게서 학대에 가까운 대우를 받
으며 하루하루를 살아간다. 태주는 어떤 힘도, 선택권도 없는 삶을 사는
듯 보인다. 사랑을 하고 흡혈귀로 변해가면서 그녀는 이런 무기력한 모습
을 벗어던지지만 일상 속의 그녀는 여전히 무기력하고 우울해 보인다. 그
녀는 왜 상현이 나타나 구원을 약속하기까지 스스로 도망치지 않았을까?
그것은 그녀가 무기력을 학습했기 때문이라고 할 수 있다. 심리학자 마
틴 셀리그먼Martin Seligman은 우울증의 기제를 밝히는 실험을 통해 '학습
된 무기력'이 삶의 의욕을 앗아갈 수 있다고 설명했다. 실험 내용은 다음
과 같다.

먼저 멀쩡한 개 한 마리를 묶어두고 바닥에 전기 충격을 준다. 아무리 안
간힘을 써도 고통스러운 전기 충격에서 벗어날 수 없다는 현실을 개가
충분히 학습할 만큼 일정 기간 동안 그 행위를 반복한다. 그러면 이 개는
'무기력감'을 학습하게 된다. 줄을 풀어주어 발만 살짝 움직이면 '전기 충
격이 없는 세계'로 건너갈 수 있게 된 후에도, 그 개는 고통스러운 현실
에서 벗어날 수 있음을 감히 꿈꾸지 못한다. 학습된 무기력감을 그대로

뒤집어 쓴 채로 전기 충격을 감내하는 것이다.

사람도 마찬가지다. 무기력감을 안겨주는 지독한 경험을 한 사람은 사지가 묶인 채 전기 충격을 받은 개처럼 그 무기력감을 학습한다. 그리고 나중에 다른 세계를 충분히 꿈꿀 기회가 찾아와도 어떤 시도도 하지 않은 채 몸을 웅크리고만 있게 된다. 우리의 우울함 역시 '해봤자 소용없다'는 무기력감에서 비롯된다는 것이다. 그런데 만약 사람을 대상으로 같은 실험을 한다면 우리가 무기력을 학습하게 되는 방식은 동물과 같은 방식으로 나타날까?

그 의문을 풀기 위해 연구자들은 답이 없는 문제를 푸는 것과 같은 좌절 상황에 사람들을 반복적으로 노출하는 방식으로 사람을 대상으로 학습된 무기력 실험을 시행했다. 그랬더니 대부분의 사람들은 동물들이 그랬듯 무기력을 학습했다. 반복적으로 답이 없는 문제에 노출되었던 사람들은 후에 풀 수 있는 문제가 나올지라도 점차 그 문제를 풀 시도조차 하지 않았다. 풀어 봤자, 못 풀 것이라는 무기력에 사로잡혀 있기 때문이다. 그러나 모든 사람이 무기력감에 굴복한 것은 아니었다. 대부분의 사람이 시련 속에서 무기력감을 학습하는 동안, 어떤 사람들은 어떤 시련이 와도 끝끝내 자신의 의지와 시도를 꺾지 않았다. 어떤 사람들은 시련 때문에 꺾이기보다는 오히려 시련 때문에 강해지는 사람도 있는 것이다.

이는 우리를 둘러싼 환경이 우리의 시도와 의지에 대해 얼마나 따뜻하게 반응해주고 격려해주는가도 중요하지만 그보다 그 환경에 대처하는 우리의 태도가 중요하다는 점을 잘 보여준다. 단단히 묶여 움직일 수 없고 하찮은 내 실력으로는 어찌해볼 수 없을 것 같을지라도 포기하지 않고 계속 시도하다 보면 원하는 변화를 불러올 힘을 내 안에서 발견하게 될 것이다. 그러니 우리는 아무리 안 될 것 같아도 한 번 더 시도해보고 조금 더 의지를 불태워야 한다.

좌절하고 힘들어 포기하고 싶은 순간마다 자신에게 묻자. 나를 우울하게 하고 나의 시도를 좌절시키는 것이 환경인지, 마음인지 말이다. 우리가 휘두르는 힘은 생각보다 크다. 그리고 가장 큰 적은 외부가 아닌 내부에 있다.

엔딩 크레딧을
올리며

언젠가 한 친구가 이런 말을 했다. "여행의 진정한 묘미는 여행지에 도
착하는 순간이 아닌 출발하기 전과 돌아온 후에 더 진하게 느끼게 된
다"고. 가기 전의 기대와 설렘, 다녀온 후의 아련한 추억과 통찰이 그
땅을 직접 밟는 기쁨을 압도한다는 것이다.

그렇게 말하는 친구는 여행광이었다. 그 애는 까다로운 삶의 과제
를 여행을 기다리고, 여행을 떠나고, 여행에서 돌아오고, 여행을 추억
하고, 또 다른 여행을 기다리면서 풀었다. 시간이 있을 때마다 여행 정
보를 뒤적이며 마음의 짐을 쌌다가 풀었다가 또 다시 싸기를 반복하며
지지부진한 일상을 견딜 힘을 얻었고 응어리진 마음을 풀었다.

친구에게 여행이 그런 의미라면 나에게 힘과 위로를 건넨 것은 순전
히 이야기였다. 돌아보면 내 삶은 이야기의 끈끈한 힘을 타고 이어져
왔다. 어릴 적에는 그림 속 이야기, 조금 더 커서는 소설 속 이야기에
빠져들었고 친구들의 이야기, 그냥 흘려들은 이야기마저 모두 좋았다.
이야기를 하고 또 이야기를 들으면서 치유되는 심리 상담 과정에 관심
을 가지게 된 것도 바로 그런 이유 때문일 것이다. 나는 이야기 속에서
치유받았고 또 누군가의 치유를 도왔다.

　그중에서도 영화 속 이야기는 더 각별한 설렘을 주었다. 여행광 친구가 여행을 떠나기 전의 설렘에서 큰 기쁨과 행복을 느꼈듯 나는 영화가 시작되기 전의 적막과 어둠 속에서, 새로운 이야기를 기다리는 설렘의 순간에서, 그리고 영화를 본 후 일상에서 다시 그 영화 속 장면을 생각하며 기쁨과 행복을 맛보았다.

　영화 속 인물들의 삶 속에 나를 빠뜨리고 그 이야기 안에 부유하다 보면 어느덧 이쪽 삶은 까맣게 잊어버리고 스크린 저 너머 저쪽 삶에서 나를 마주하게 되었다. 영화는 그렇게 삶에 지치고 힘든 순간마다 위로와 설렘을 던지는 멋진 이야기로 내 마음을 다독였다.

　영화는 나에게 가장 건설적인 도피처였고, 위축된 마음을 반듯하게 펼쳐주는 다리미였으며, 가장 훌륭한 삶의 조언자였고, 아프지 않게 에두른 방식으로 내 삶을 투영해주는 좋은 거울이었고, 또한 막막한 순간마다 나를 이끌어준 삶의 이정표였다. 무엇보다 영화는 내게 단조로운 일상을 자극하는 설렘을 안겨주었다.

　한 편의 영화가 끝나고 엔딩 크레딧이 올라갈 즈음엔 영화에 대한 설렘이 있던 자리에 다시 또 무언가를 해볼 수 있을 것만 같은 용기가 뭉클뭉클 올라섰다. 이야기가 남기는 잔상은 그렇게 차곡차곡 내 안에 쌓였다.

우리는 때로 아무것도 아닌 것 때문에 좌절하기도 하고, 또 아무도 아닌 것에서 용기를 얻기도 한다. 큰 설렘을 안고 시작했고 의욕을 가지고 추진했으면서도 중간 중간 지치고 힘든 순간은 있었다. 하지만 아무리 힘들어도 전진을 멈추지 않게 도와준 사람들 덕분에 이 책을 쓸 수 있었다. '스크린 위에서 마음을 읽는 여행'을 마무리하며 엔딩 크레딧을 올리는 지금, 이 여정에 동행한 독자들의 마음속에도 무언가를 해볼 수 있는 용기와 여운이 남았으면 한다. 이 책을 쓸 수 있도록 도와주신 모든 분들께 감사드린다.

스크린에서 마음을 읽다

2011년 2월 28일 초판 1쇄 인쇄
2011년 3월 7일 초판 1쇄 발행

지은이 | 선안남
발행인 | 전재국

본부장 | 이광자
단행본기획실장 | 박지원
책임편집 | 강정화
마케팅실장 | 정유한
책임마케팅 | 정남익 조용호 조광환
기획마케팅 | 신재은 조안나

발행처 (주)시공사
출판등록 1989년 5월 10일(제3-248호)

주소 | 서울특별시 서초구 서초동 1628-1(우편번호 137-879)
전화 | 편집(02)2046-2861 · 영업(02)2046-2800
팩스 | 편집(02)585-1755 · 영업(02)588-0835
홈페이지 www.sigongsa.com

이 책에 실린 사진은 한국영상자료원의 사용 허가를 받았습니다.
저작권법에 의해 한국 내에서 보호를 받는 저작물이므로 무단 전재 및 복제를 금합니다.

ISBN 978-89-527-6115-6 03180